Jean-Pierre Laigle

L'ANTI-TERRE

Les Études du Dr Armitage

N°7

LES ÉDITIONS DE L'ŒIL DU SPHINX
36-42 rue de la Villette
75019 PARIS, France
www.œildusphinx.com
ods@œildusphinx.com

© 2018 LES ÉDITIONS DE L'ŒIL DU SPHINX
Les Études du Dr Armitage n° 7
ISSN de la collection : 2267 - 8964
Dépôt Légal : juin 2018
ISBN : 979-10-91506 -84-7
EAN : 9 791 091 506 847

JEAN-PIERRE LAIGLE

L'ANTI-TERRE

LES ÉDITIONS DE L'ŒIL DU SPHINX
36-42 rue de la Villette
75019 PARIS, France
www.œildusphinx.com
ods@œildusphinx.com

SOMMAIRE

L'ANTI-TERRE
ET SA MYTHOLOGIE

*L'auteur remercie
Louis Cance, Patrick Centerwall, Internet, Guy Sirois,
Francis Valéry
et le personnel des Archives Municipales de Barcelone
pour l'aide, les informations et les documents fournis.*

L'ANTI-TERRE
ET SA MYTHOLOGIE

LES ORIGINES

L'Anti-Terre est liée au philosophe grec Pythagore de Samos (VIe siècle av. J.-C.) ou plus sûrement à son disciple Philolaos de Crotone (ou Tarente) (vers la fin du Ve siècle). Celui-ci lui emprunta la notion de 10, somme de la tétraktis (1 + 2 + 3 + 4), comme chiffre sacré et l'étendit à l'astronomie. Il professa dans *Les Bacchants*, traité dont seuls subsistent des fragments, un système de dix sphères exécutant leur révolution autour d'un feu central commun : celle du ciel étoilé, le Soleil, Mercure, Vénus, la Terre, la Lune, Mars, Jupiter, Saturne et l'Anti-Terre (Antichthôn). Cette dernière étant au large des antipodes du globe terrestre, elle était invisible. Certains eurent beau jeu de la qualifier d'invention : elle permettait de compléter la décade.

Les Pythagoriciens, pour qui les nombres régissaient tout, furent bien les seuls à défendre l'idée. Aristote (IVe siècle) ne la retint pas, ses continuateurs médiévaux non plus. Avec la fin de la Terre plate et la détermination du système héliocentrique par Nicolas Copernic (1473-1543), puis l'exploration de l'hémisphère sud, elle aurait été définitivement abandonnée si des occultistes ne l'avaient reprise et réactualisée à la fin du XIXe siècle. Ainsi l'Anti-Terre devint-elle une planète décrivant la même orbite que la Terre, donc à la même vitesse, mais diamétralement opposée et invisible, car cachée par le Soleil. Vers la même époque, la SF s'en empara et le thème connut une belle fortune. En voici le commentaire historique avec ses aspects.

JUSQU'EN 1945

Le premier traitement du thème semble être *From World to World* (*De Monde à Monde*, 1896), rare roman de David Leroy Stump, obscur imprimeur états-unien connu surtout pour des ouvrages sur son métier. Il le révisa de fond en comble sous le titre *The Love of Meltha Laone or Beyond the Sun* (*L'Amour de Meltha Laone ou Par-delà le Soleil*, 1913), version à laquelle nous nous référerons. Il y annonçait une suite, *A Romance of Two Planets* (*Une Histoire de Deux Planètes*), où, écrivait-il, il se proposait d'analyser plus profondément des idées déjà avancées et de développer d'autres problèmes. Mais elle n'est répertoriée nulle part et les plus acharnés des érudits n'en ont jamais trouvé un exemplaire. Peut-être est-elle restée un manuscrit.

Chris Asbury, le narrateur, commence par professer que, « *puisque tout dans la nature est créé par paires ou contraires concrétisant les fonctions mâle et femelle, il est non seulement possible, mais vraiment nécessaire qu'existe un autre monde comme la terre se mouvant sur la même orbite, mais qu'on ne saurait voir ou découvrir à partir de notre planète parce qu'il est au-delà du soleil et diamétralement opposée à la terre de toute éternité.* » Il ne se demande pas pourquoi les autres corps du Système Solaire n'ont pas leurs contreparties, qui devraient nous être visibles puisqu'elles n'évoluent pas à la même vitesse que notre globe. Ce n'est, nous allons le voir, qu'une des idées farfelues qui parsèment l'ouvrage.

Le narrateur construit donc un astronef utilisant la force de la foudre pour créer un vide et l'aspirer hors de l'atmosphère. Là, il doit rester immobile une demi-année en attendant que la planète inconnue se présente. Il meurt, mais revit lorsque l'Anti-Terre le happe. En effet, chacun de ses habitants a son partenaire prédestiné qu'il épouse. Or il est celui de Meltha Laone, la fille de la famille anti-terrienne qui l'accueille. Ainsi s'explique sa résurrection. Mieux : elle est la réincarnation de sa défunte fiancée. Il y a donc — comment ? — affinité et transmigration spirituelles entre les deux mondes. L'auteur fait aussi appel à cette théorie, proche du vitalisme alors en vogue selon lequel l'électricité était l'intermédiaire entre la matière et l'esprit :

« Cette force de la nature, merveilleuse, mais jusqu'à présent inconnue, que nous appelons électricité est décrite par Mr. Nesnon (anagramme d'un penseur oublié ?) *comme un mouvement, l'essence de la vie. Ce mouvement est celui de la terre sur son orbite autour du soleil et sur son propre axe, et dans ces deux actions transversales nous avons l'explication des pôles positif et négatif. En conséquence, l'électricité est une force éternelle, constante et inépuisable.*

Il avance la théorie que le mystère de la façon dont le soleil tire sa réserve en apparence constante de chaleur et de lumière n'est pas du tout un mystère ; que ce que nous appelons soleil n'est probablement pas un corps matériel, mais simplement le centre fixe de l'univers ; que ni le monde ni aucune des autres planètes ne tirent la lumière ou la chaleur du soleil, mais que tous ces corps célestes dans leur ensemble ne sont que grandes et éternelles dynamos et générateurs de chaleur et de lumière et que le soleil est le produit des rayons focalisés de ces innombrables corps célestes qui les produisent en et par eux-mêmes en raison de leur propre envolée autour de leurs orbites et sur leurs propres axes. Leurs mouvements créent de la friction ; la friction produit de la chaleur et la chaleur produit de la lumière. De même que le monde se maintient largement par son propre centre de gravité, de même l'univers se maintient par le centre d'attraction de l'illumination, à savoir le soleil. »

L'Anti-Terre ressemble fort à la Terre et ses habitants humains parlent anglais. Le roman est largement consacré à la description de la société de l'Ameoland, copie conforme, mais futuriste et idéalisée des États-Unis. Ses hôtes lui remettent *The Word of Light* (*La Parole de Lumière*), le livre relatant les cent dernières années et l'œuvre du réformateur Neceo Comal (autre anagramme ?) pour qui *« Le Travail l'emporte sur le Capital et en est indépendant et devrait être tenu en bien meilleure estime. »* Il y récuse le libéralisme et le darwinisme social et prône une religion basée sur la science au lieu de l'adoration de l'ignorance. Richissime, il a bâti une cité en accord avec ses idées et lancé une révolution pacifique dans tout le pays.

Avec cette utopie socialiste dans la lignée de *Looking Backward 2000-1887* (tr. *Cent Ans après ou L'An 2000*, 1888) d'Edward Bellamy (1850-98), l'auteur critique les U.S.A. contemporains et décrit ce qu'il voudrait les voir devenir. C'est presque un pays de cocagne dans la mesure où chacun jouit d'un confort bourgeois. La propriété privée est limitée et la terre appartient à l'état. Il n'a plus d'argent et d'armée. Les travailleurs sont des autoentrepreneurs et les femmes votent. Le recyclage du papier et d'autres matières réutilisables maintient l'activité économique. La production d'alcool est limitée. La technologie est plus avancée que sur la Terre et largement basée sur l'électricité, mais la navigation aérienne est interdite par sécurité.

Le roman reflète aussi des problèmes propres. Ainsi prône-t-il l'isolationnisme. L'Ameoland est heureusement séparé par l'océan des autres pays (moins favorisés, bien sûr), avec lesquels il a le minimum de relations et ne se compromet par aucun traité. Les échanges commerciaux doivent maintenir une balance des paiements favorable et les investissements sont interdits aux étrangers. L'immigration implique l'assimilation complète des enfants nés sur son territoire. Les noirs ont été déportés dans une région semi-tropicale et ont dégénéré à mesure que le sang blanc se diluait en eux. Ils ont fini par retomber dans une demi-barbarie et sont heureux dans leur indolence et le bantoustan où ils sont confinés pour le bien des deux races.

Bien plus qu'un panorama de l'Anti-Terre, D.L. Stump propose celui du pays le plus avancé et le plus intéressant de la planète, un insularisme envisageant les choses par le petit bout de la lorgnette. Dans ses limitations, ce premier traitement présente déjà un des canons du thème : le concept d'une réplique meilleure ou pire de la Terre. Il évoluera en reflet d'un miroir déformant ou non, temporellement en avance ou en retard. Ici, une vision étriquée, mais souhaitée des futurs USA. Si la seconde version est supérieure à la première, le résultat reste un roman fumeux, chauvin, ennuyeux, d'une sensibilité victorienne, mal écrit et fagoté. Prévoyant une suite, l'auteur en était sans doute un peu conscient. Le lecteur n'a sans doute rien perdu...

La similarité est poussée à l'extrême dans *Who is Charles Avison ?* (tr. *Qui est Charles Avison ?*, 1916), nouvelle de son compatriote Edison Tesla Marshall (1894-1967), auteur de nombreux récits d'aventures dont certains relèvent de la SF. Après deux jours d'inconscience dans un astronef antigravitationnel, le narrateur se croit revenu sur la Terre non loin de son point de départ. Il reconnaît la région et les habitants, mais éprouve un sentiment d'étrangeté. De retour chez lui, déguisé, il assiste aux obsèques de son double dont le vaisseau a été frappé par un météore juste après le décollage. Il trouve un emploi dans un observatoire et observe lors d'une éclipse une planète inconnue qui surgit brièvement de derrière le Soleil.

Charles Avison se trouve sur une planète symétrique à la Terre. Son alter ego l'a quittée simultanément et aurait atteint sa jumelle si le météore ne l'avait heurté. Il émet la théorie que, formées simultanément, toutes deux ont poursuivi une évolution parallèle de chaque côté du Soleil, les mêmes causes produisant les mêmes effets. En fait, elles auraient dû déjà diverger, vu la profusion d'interférences extérieures depuis leur création. Tourmenté d'avoir contribué à rompre un équilibre sacré, l'astronaute estime n'avoir sa place dans aucune et décide de se perdre dans l'infini. L'auteur a-t-il refusé d'envisager qu'il fût le premier humain à faire l'apprentissage de la liberté ? Un récit fascinant et angoissant, mais tiré par les cheveux sur un thème qui l'est déjà.

Autre romancier d'aventures tenté par la SF, l'Anglais (Richard Horatio) Edgar Wallace (1875-1932), a repris cette symétrie cosmique, mais atténuée et de façon plus décontractée, dans son court roman *Planetoid 127* (*Planétoïde 127*, 1929). Le jeune Tim

Lensman enquête sur des cambriolages perpétrés chez le richissime professeur Charles Colson. Ses soupçons s'orientent vers un financier véreux en quête du secret de sa fortune. En effet, comment anticipe-t-il les mouvements du marché boursier ? Tout semble provenir d'un local marqué « Planétoïde 127 », renfermant un poste de radio d'où parviennent des indications codées. Or il est relié à une installation pointée en permanence vers une planète inconnue.

Après le meurtre du professeur, Lensman poursuit ses recherches et trouve le manuscrit où le défunt a consigné sa découverte. Il a capté et déchiffré des messages de Neo, planète co-orbitale cachée par le Soleil. Or elle avance ou recule de deux ou trois jours sur sa jumelle. Entré en contact avec son double anti-terrien, il lui transmettait les prochains cours de la bourse et réciproquement. L'enquêteur arrive à manipuler la radio, mais, avant de se taire, son interlocuteur a juste le temps de lui dire que des opposants — au lien qui les enchaîne à la Terre ? — ont tué son maître et vont détruire les installations de radio. Si bien que ce récit astucieux, mais terre-à-terre, rassurant et assez futile, ne nous dit guère plus sur ce monde que ceci :

« Il y a nécessairement certaines différences dans leurs méthodes de gouvernement, mais ces différences ne sont pas vitales. Sur Neo, on enseigne aux gens l'usage des armes et ils ne reçoivent la sanction de la citoyenneté (qui, je présume, est le vote) qu'en produisant un certificat d'excellence. Mais, en gros, leurs vies s'écoulent parallèlement aux nôtres. La nature même de leurs rues, leurs systèmes de transports, même leur système carcéral, sont des répliques de ceux de cette terre. Bien sûr, la différence principale est que leur seule langue est universelle... »

Première à illustrer le thème, *Jack Swift* (*Jack Swift*, 1930-37), est une bande dessinée états-unienne de Hal Colson pour le graphisme et de Cliff Farrell (1899-1977) pour le scénario. Embarquent sur le Conqueror, sorte de zeppelin en métal qui, aimanté, annule la gravité, l'inventeur, le professeur Robertson, sa blonde nièce Lina, passagère clandestine, son élève Jack Swift qui s'en éprend et un mécanicien. Leurs rivaux, le comte d'Ormuz, dont le Rocket est moins perfectionné, et sa complice, la brune Sara, qui tentera d'enjôler Jack Swift, les attaquent dans l'espace puis sur la Lune où ils volent leur carburant pour arriver avant eux sur Vénus – mais la découverte de lithium leur fournit un autre moyen de propulsion).

Dans un temple en ruines du défunt peuple lunaire, l'équipage du Conqueror trouve un livre aux pages métalliques conservant sa science (il connaissait les secrets de l'atome, de l'énergie cosmique et de la télépathie) ainsi qu'une table en pierre du Système Solaire indiquant non seulement Pluton (découverte depuis peu), mais un monde co-orbital à la Terre, caché par le Soleil. En route vers Vénus, le quatuor apprend par radio le rapt de 2000 jeunes gens par un astronef géant de l'Anti-Terre. Celui-ci arrive à rallier sa planète, bien qu'endommagé par les rayons Z du professeur Robertson dans la bataille spatiale qui les a opposés. Le Conqueror l'y suit, mais aussi le duo rival qui fait cause commune avec l'ennemi.

Ce monde a les mêmes dimensions, atmosphère et gravité que la Terre. Ses natifs, de méchants nabots qui se contentaient de discrètes razzias, s'apprêtent à l'envahir. Une jeune esclave terrienne s'éprend du mécanicien et introduit les Terriens dans l'organisation secrète projetant une révolte. Grâce au livre lunaire qu'il a déchiffré (!), le professeur Robertson fabrique de puissantes armes et une cape d'invisibilité. La flotte d'invasion est détruite en un combat spatial épique. Une révolte servile appuyée par l'équipage du Conqueror neutralise le tyran anti-terrien et le duo terrien qui s'y était allié. Jack Swift délivre la nièce de Robertson et l'épouse et le mécanicien fait de même avec la captive terrienne à leur retour sur la Terre.

Les prétentions scientifiques de cette bande journalière, qui dura jusqu'en 1937, mais dont les épisodes lunaires et anti-terriens ne couvrent que 1930 et 1931, sont franchement défaillantes : les explosions sont sonores dans le vide, les combats spatiaux sont irréalistes. Son scénario est assez naïf : il se base sur l'opposition entre la duplicité et la cruauté du duo du Rocket et le courage et la générosité du quatuor du Conqueror, ainsi que sur le triomphe de la démocratie. Son trait est d'un réalisme frisant le caricatural, mais pas davantage que son équivalent *Buck Rogers in the 25 th Century* (tr. *Buck Rogers*, 1929-67) de Dick Calkins & Phil Nowlan, reprise par d'autres. Attachante, elle aurait mérité la même durée, pas l'oubli où elle tomba.

Un deuxième court roman, *Десятая планета* (*La Dixième Planète*, 1945) du Russe Serguei (Vladimirovitch) Béliaev (1883-1953) conte comment un astronome reçoit un soir dans son observatoire une visiteuse. Elle lui apprend l'existence d'une doublure de la Terre (mais pourvue de quatre satellites) de l'autre côté du Soleil et l'embarque ainsi qu'un camarade dans son astronef pour l'y emmener à la vitesse de la lumière grâce au radium II. Mais le trio tombe au beau milieu d'une bataille opposant des humains à des hommes-singes. Il s'agit en fait d'une projection en relief à buts pédagogiques relatant une période où l'humanité locale combattait cette espèce, anéantie par la suite pour avoir voulu l'asservir et vivre de son labeur.

Les habitants de Sialmé ont depuis accompli d'immenses progrès : délivrés des exploiteurs et jouissant d'une paix universelle, ils se sont élevés par leur travail créateur au-dessus de l'animalité et vivent jusqu'à cent ans. Ils célèbrent justement le tricentenaire du musée commémorant leur victoire et invitent les Terriens dans leur magnifique Ville Heureuse. C'est alors que le savant se réveille : il s'était assoupi et avait tout rêvé, conclusion conforme au réalisme socialiste qui pouvait difficilement cautionner l'existence d'une planète co-orbitale, fût-elle communiste. Ce récit pour la jeunesse représente bien une SF stalinienne dénaturée, consensuelle et superficielle, dévitalisée, dépouillée de toute pensée critique. Il n'apporte guère au thème.

L'APRÈS-GUERRE

L'après-guerre s'ouvre par la trilogie de Paul Capon (1911-69), cinéaste anglais reconverti dans le roman d'aventures. Le premier tome, *The Other Side of the Sun* (*L'Autre Côté du Soleil*, 1950), marque ses débuts maladroits dans la SF : il tient à en consacrer près des deux tiers aux préparatifs, aux problèmes techniques et à la traversée. Des allusions suggèrent qu'il a lu E.T. Marshall et E. Wallace. Comme D.L. Stump, il propose d'attendre immobile six mois le passage de l'Anti-Terre. Il ignore qu'adopter l'orbite circumsolaire de la Terre signifie se déplacer à la même vitesse qu'elle et qu'en sens rétrograde le voyage serait réduit de moitié. Un nuage de poussière cosmique adhérant au Skylark est dispersé à grands jets d'eau. Etc...

L'équipage de cinq hommes (plus une passagère clandestine inséparable de son amoureux) atterrit sur Antigeos, récemment découverte, un peu plus petite que la Terre, mais un peu plus dense et dotée de deux lunes, l'une ayant son propre satellite. Les Antigéosiens du continent nord, humanoïdes nains à antennes, maîtrisent une technologie évoluée et l'électricité géothermique. Ils habitent des cités souterraines, ne possèdent ni aviation ni marine, ignorent la famille, la musique, la religion, la guerre et le capitalisme, mais pas le travail qui est un devoir social. La délinquance est rare chez eux. Ils abhorrent la viande, voient au moins quatre couleurs supplémentaires, s'expriment par signes et ont un vocabulaire parlé très limité.

La bienveillance avec laquelle ils ont accueilli les Terriens décline lorsqu'un des leurs est tué par Stewart McQuoid alors qu'il met à l'eau un esquif pour aller explorer le continent sud (l'océan est pour eux un être vivant tabou). C'est un agent de l'Anglo-Antigean Development Corporation qui désire des informations pour coloniser la planète et projette d'anéantir les natifs avec des gaz et des germes pour l'exploiter tranquillement. Les Antigéosiens s'empressent de se débarrasser des visiteurs en les aidant à réparer leur astronef et en usinant l'étage inférieur largable conçu pour le propulser hors de l'atmosphère. Mais seuls trois d'entre eux décollent, car Rose, la femme du groupe, est enceinte et reste sur place avec son amoureux.

Dans le deuxième tome, *The Other Half of the Planet* (*L'Autre Moitié de la Planète*, 1952), le Skylark s'écrase parmi des volcans du continent sud. Les trois Terriens échouent dans une civilisation cruelle et arriérée de troglodytes mangeurs de viande et infanticides.

Elle comprend deux races, une dominante, les albinos, et des immigrants du continent nord, plus des hybrides stériles et réduits en esclavage. Malgré la trahison (payée de sa vie) de McQuoid qu'ils ont retrouvé, ils déclenchent une révolte qui coïncide avec une éruption volcanique et aboutit à l'extinction des femmes albinos. Avec le parachute et la machinerie de l'astronef, ils construisent un ballon gonflé à l'hydrogène et retournent chez les Antigéosiens du nord.

Dans *Down to Earth* (*Descente sur la Terre*, 1954), les nains fabriquent un astronef pour visiter la Terre et rapatrier leurs hôtes. Les messages de ceux-ci sont captés par le patron de l'Anglo-Antigean Development Corporation. Lié à un magnat de la presse, il déchaîne une campagne présentant le vaisseau qui approche comme l'avant-garde d'une invasion. Il veut pousser le régime et l'opinion publique anglais à entrer en guerre pour annexer Antigeos à la couronne et en obtenir la concession, comme au temps de Cecil Rhodes et de la Compagnie des Indes. Mais un journal rival dévoile le complot. L'ambassade antigéosienne atteint enfin l'Angleterre avec les survivants du Skylark. L'auteur ignore que l'époque a changé : rien sur L'O.N.U. !

P. Capon a pu appartenir au milieu des étudiants anglais communisants des années 1930. De 1941 à 1944, il fut directeur technique de l'Agence du Film Soviétique. La société du continent nord est une utopie socialiste pacifiste. Celle du continent sud une tyrannie de classe guerrière et raciste utilisant la religion pour exploiter un sous-prolétariat (Karl Marx est même cité à ce propos). Il dénonce férocement l'impérialisme, le colonialisme et le capitalisme anglais, la presse bourgeoise pourrie. Enfin, l'équipage du Skylark inclue un noir, une rareté dans la SF d'alors. Malgré ses références démodées d'avant-guerre, son anglocentrisme et ses failles scientifiques, cette trilogie n'est pas une simple exploration planétaire.

Ce produit engagé de la guerre froide a sa contrepartie états-unienne en *Twin Earths* (tr. *Terres Jumelles*, 1952-63), bande dessinée réaliste d'Oskar Lebeck (1903-66, texte) et Alden McWilliams (1916-93, dessin puis aussi texte à partir de 1957). Dans la série quotidienne, une jeune femme se présente au F.B.I. de Washington comme espionne d'une planète jumelle transsolaire. Vana demande asile contre ses coplanétaires : elles ont tué sa compagne, tombée amoureuse d'un Terrien, et lui réservent le même sort pour n'avoir su l'en dissuader. Elle prouve ses dires avec un objet échappant à la pesanteur. Plusieurs tentatives d'assassinat ne l'empêchent pas de poursuivre ses révélations et de s'éprendre du fringant agent Garry Verth.

Terra est presque identique à la Terre, mais scientifiquement bien plus avancée. Suite à une guerre, une épidémie emporta l'immense majorité des mâles. Depuis, ils ne constituent plus que 8 % de la population, d'où la polyandrie. Jalousement préservés de tout danger, ils portent des jupettes et vivent dans l'oisiveté avec pour seul but de perpétuer la race. Les femmes relevèrent donc la civilisation : la paix et la prospérité régnèrent, la science progressa, la longévité atteignit 160 ans et l'exploitation de la mer assura l'alimentation. Grâce à un métal antigravitationnel, elles entamèrent la conquête de l'espace et découvrirent la Terre. Depuis, elles la surveillent afin de circonscrire à sa surface ses guerres et ses destructions.

Elles entretiennent aussi un réseau d'agentes. Elles ont déjà éliminé des espions communistes aux États-Unis. Ils arrivent pourtant à assiéger dans une maison isolée Garry, Vana et sa supérieure la colonelle Zena Alotera, qui doit appeler à la rescousse une soucoupe volante. Tous montent dans une station orbitale. Celle-ci descend ensuite sur la Place Rouge de Moscou pour rendre les prisonniers à leurs patrons. Terra a en effet renoncé à la discrétion et veut donner une leçon à l'U.R.S.S., mais l'opération échoue malgré la destruction d'avions et de troupes russes. Une soucoupe endommagée doit être désintégrée pour ne pas tomber en de mauvaises mains et le cratère de l'explosion effleure le mausolée de Lénine...

Le Conseil Suprême de Terra semble plus favorable aux U.S.A. et invite Garry à visiter la planète (tout en récupérant les espions russes pour renforcer son stock mâle). L'agent du F.B.I. rencontre ses membres qui sont toutes masquées, car elles sont élues pour leur sagesse, non pour leur nom. Il déchaîne l'enthousiasme parmi la gent féminine venue l'accueillir et s'en échappe en caleçon. La série s'enlise alors dans ses aventures terraniennes à l'intérêt thématique réduit. Un épisode concerne pourtant l'invasion de Terra par des extra-terrestres : des milliers de soucoupes pleines de réfugiés demandent asile à l'O.N.U. et sèment la panique à New York en y annulant la gravité. Ainsi la Terre profitera-t-elle de leur technologie.

Le graphisme réaliste de *Twin Earths* est de bon niveau et le scénario consensuel. Son anticommunisme reflète le maccarthysme ambiant. Le contexte de suprématie féminine accentue un aspect de l'american way of life d'après-guerre. Sur Terra, même un homme marié ne peut être accaparé par une seule femme, mais, contaminées par leurs sœurs terriennes, Vana et Zena se battent pour les beaux yeux de Garry. La famille qu'il visite ne diffère de son homologue états-unienne que par un unique membre mâle et un mobilier futuriste. Pas de polyandrie concrétisée. Le féminisme terranien n'est prétexte qu'à humour. Et pas trace de lesbianisme, pourtant logique, dans ce produit de presse U.S. puritain, sans prétention satirique poussée.

Une série dominicale en couleurs destinée à la jeunesse (1953-58) complète et contredit un peu la précédente. Un petit Texan se faufile dans une soucoupe volante qui l'emmène à la base orbitale. Quoique les mâles terraniens soient en principe précieusement couvés, il y rencontre le prince Torro, fils d'une souveraine (alors que dans les bandes quotidiennes une direction collégiale gouverne la planète). Ils y font les quatre cents coups ainsi que sur la Lune. Sur Terra, ils visitent un archipel peuplé de monstres identiques à ceux du mésozoïque terrien, bien qu'ailleurs la faune soit strictement actuelle. Ils sont alors capturés par des extra-terrestres. Plus soignés graphiquement, ces épisodes n'ajoutent pourtant guère à ceux en noir et blanc.

Presque simultanément débutait au Japon une bande dessinée d'Osamu Tezuka (1928-89), ロック冒 — (*Rock Bokenki* — *Les Aventures de Rock*, 1952-54), un des nombreux récits de SF d'une œuvre colossale et variée, destinée à la jeunesse, mais aux aspects moraux intéressant les adultes. Dans un style naïf frôlant la caricature et pourtant hautement expressif avec un minimum de traits, le « Dieu du Manga » y développe une variante plaisante du thème avec une planète co-orbitale à la Terre, mais s'en rapprochant peu à peu et y causant des cataclysmes avant de se satelliser autour. Découverte dans les années 1990 par un savant qui lui donne son nom, Dimoun est explorée par son fils Rock, sympathique petit génie en culotte courte.

Financée par des ploutocrates d'origine ou d'obédience états-unienne, une expédition s'y pose. Malgré l'atmosphère respirable, une partie de l'équipage souffre bientôt d'un mal causant gonflements et fièvre. La fusée repart, abandonnant Rock et son copain Daisuké. Séparés, ils errent, rencontrant une faune et une flore pittoresques : de dangereuses mains végétales, une gigantesque araignée heptapode, des sortes de gros oursins grimpeurs, les Ruborooms, êtres d'argile métamorphes qui copient l'apparence de Rock pour lui parler et des hommes-oiseaux pensants qui capturent Daisuké. Dépourvus de bras, mais aux ailes préhensiles, ces Épumus, à la civilisation moins avancée que celle des Terriens, asservissent les Ruborooms.

Rock partage son savoir avec les deux espèces. Il adopte un orphelin épumu, Chico, et lui apprend à faire du feu, innovation qui déclenche une révolution technologique, une course aux armements et un conflit avec un autre état. Entre-temps, les ploutocrates terriens, apprenant que les mers de Dimoun sont du pétrole brut, lancent une armada et s'en emparent. Déportés comme esclaves ou nourriture, les Épumus se révoltent sous la conduite de Chico, qui porte la guerre sur la Terre. Rock tente une médiation, mais, au terme d'un combat entre bellicistes des deux camps, meurt valeureusement en sauvant Chico. Respectant les dernières paroles de l'agonisant, chaque espèce demeure sur sa planète et le vénère en héros.

Du moins se conclut ainsi la version modifiée par l'auteur pour l'album en 1955, insatisfait du message véhiculé dans le magazine original. Dans celui-ci, Rock ne meurt pas. Après le départ de Chico et de ses partisans, Dimoun s'éloigne mystérieusement, rendant impossible la poursuite de la guerre. Dans les deux versions, Rock est déchiré entre sa patrie d'origine et son sens de la justice en faveur non seulement des Épumus, mais des pauvres Ruborooms. L'œuvre dénonce l'esclavage et la colonisation, par le Japon des années 1930 et 1940 comme, plus tôt, par des pays européens et orientaux. C'est enfin une satire du capitalisme débridé, illustré dans une case par une architecture frappée de l'emblème du dollar.

Reste enfin une erreur de mécanique céleste à souligner. Deux corps co-orbitaux avanceraient à la même vitesse : ralentissant, l'un décrirait une orbite plus basse ; accélérant, une orbite plus haute. O. Tezuka le savait-il ? Avait-il simplement besoin d'un prétexte pseudo-scientifique pour son intrigue ? De plus il ne donne aucune explication au changement de vitesse orbitale de Dimoun, pas plus qu'à son éloignement de la Terre après s'être satellisé dans la version originale. L'auteur ne semble pas avoir effectué des calculs sérieux. Ceci dit, c'est une œuvre de jeunesse prometteuse et une telle remarque, même justifiée, ne change rien au caractère humaniste et généreux de cette bande dessinée faussement naïve.

Peu après, la Grande-Bretagne en produisit une modérément réaliste, *Ace O'Hara* (tr. *Ace, Champion de l'Espace*, 1954-62) de Conrad Frost (1917-2010, scénario) & Basil Blackaller (1921-58, dessin). Dans le premier épisode, *Planet Loma* (1954-55), est découverte grâce aux ondes courbes du professeur Lomas une planète transsolaire. Ses continents sont presque identiques à ceux de la Terre, l'Atlantide en plus. Ses habitants attirent le premier astronef, piloté par Ace O'Hara, accompagné de sa fiancée la mathématicienne Betty Lomas et du reste de l'équipage. Mais il atterrit en Atlantide, bien moins civilisée que Zarnia, nation dominante qui pourrait l'assujettir par ses armes terrifiantes, mais s'y refuse par pacifisme.

Arrêtés comme espions par les Atlantes, les visiteurs sont d'abord livrés aux monstres d'une arène. Un commando échoue à les libérer et se retrouve en prison avec eux. La guerre éclate. Des deux côtés, des villes sont anéanties par des fusées balistiques. Victorieuse de l'Atlantide arriérée, Zarnia renvoie les Terriens avec une flotte vers la Terre menacée par un satellite artificiel. Les épisodes suivants ne concernent plus Loma. Par son scénario et son graphisme, *Ace O'Hara* est une bande dessinée plus faible que *Twin Earths*, du moins à ses débuts. Par contre, elle est aussi anglocentriste que la précédente était américanocentriste. Sa description de l'Anti-Terre est ébauchée et peu sujette à polémique, contrairement au titre suivant.

Les continents terriens sont aussi décalqués dans *La Dixième Planète* (1954), seul apport à la SF de C(harles) H(enry) Badet, obscur auteur français. C'est l'histoire d'un ancien lettré devenu clochard éthylique, entré par erreur dans une fusée et lancé vers Mère, jumelle co-orbitale en avance de deux ou trois siècles. Une voix télépathique guide son atterrissage. Il est aussitôt désinfecté, désintoxiqué et pris en charge par des humains parlant un français classique. Car les Mériens avaient visité la Terre au XVIIIe siècle et, après un cataclysme nucléaire, leurs réformateurs l'avaient imposé comme langue commune *« pour sa clarté et sa précision »* et parce que c'était *« la plus répandue »* (!?). Ainsi contribua-t-elle au Règne de la Raison.

Tout fonctionne à l'électricité. Le climat est maîtrisé. L'industrie et l'agriculture sont rationalisées. *« Sur Mère, qui produit moins qu'il ne consomme doit disparaître. Seul compte le rendement des individus. »* Les vieux ont droit au Grand Sommeil et l'acceptent tant ils sont conditionnés. Leurs cendres sont incorporées à de l'engrais. L'eugénisme débute à la fécondation in vitro. Les embryons sont injectés dans des utérus étrangers. Les enfants vont dans des usines d'élevage et leur prédestination génétique est fonction des besoins de la société. Les ratés sont supprimés. Ainsi les dirigeants sont-ils des cerveaux en bocaux, les travailleurs de base des colosses débiles, les mères des créatures bestiales aux larges croupes et à quatre mamelles.

Le narrateur, qui au début était franchement idiot et s'exprimait en argot, reprend ses esprits à mesure que son organisme se purge de ses poisons et réalise toute l'horreur de cette civilisation dominée par la raison la plus inhumaine. Reçu par le Grand Cerveau qui la dirige, il apprend qu'il doit être renvoyé sur la Terre pour y promouvoir la civilisation utilitariste et désindividualisée de Mère avant qu'elle se lance dans la conquête spatiale. Il parvient pourtant à gripper provisoirement les rouages de la société mérienne en répandant un alcool qui libère ses membres de son emprise. Il compte en profiter pour s'enfuir avec une femme qu'il aime et a contaminée avec ses sentiments. Il n'est pas sûr qu'ils aient réussi à décoller...

Ce roman est la première Anti-Terre anti-utopique. L'auteur y fustige le progrès technologique sans conscience. Il s'inspire visiblement de *Brave New World* (tr. *Le Meilleur des Mondes*, 1932) d'Aldous Huxley, une pointe d'humour en plus. Mais, par le réquisitoire du Grand Cerveau contre la civilisation contemporaine (de l'Ouest comme de l'Est), il suggère aussi que celle-ci mène l'humanité à l'autodestruction. Il y oppose une petite société primitive et traditionnelle que son personnage visite dans une région perdue de Mère et dont il chante assez béatement les louanges. C'est une satire féroce, assez chauvine, typique de l'après-Hiroshima, pourtant empreinte de sentimentalisme, utilisant l'Anti-Terre comme image déformée de sa jumelle.

De même nationalité, *Objectif Soleil* (1956), signé F. Richard-Bessière par le très prolifique Henri-François Bessière (1923-2011), est bien moins ambitieux. Il est vrai qu'il fut capable du meilleur (parfois) et du pire (souvent), comme ici. S'il interpose le Soleil entre la Terre et Gota, celle-ci tourne 35 millions de kilomètres plus loin que l'orbite de celle-là, contradiction criante, comme nous l'avons expliqué. Dans ces conditions, les deux mondes ne sauraient effectuer leur révolution à la même vitesse ni se dissimuler l'un à l'autre. Plus ancienne, Gota a un siècle d'avance technologique. Ses habitants sont humains, mais laids. Elle est aussi plus froide et menacée de glaciation, car la couche d'ozone de son atmosphère s'épaissit (!?).

Ses habitants veulent donc « *augmenter la puissance calorique du Soleil en provoquant une désintégration plus active des atomes qui le composent.* » Mais ils condamnent ainsi la Terre, sauf qu'il suffirait de réduire sa couche d'ozone pour lui conserver la même température, autre énorme bêtise. Du moins essaient-ils sans grand succès d'en convaincre les savants terriens — les Gotiens ne sont donc pas si avancés que cela !? — enlevés pour qu'ils les aident à réaliser leur projet. Mais un moyen moins drastique de réchauffer l'Anti-Terre est mis au point. Ce roman ne souffre pas seulement de l'ignorance de l'auteur en mécanique céleste et en astrophysique, mais de la naïveté et de l'extrême médiocrité de son récit.

Aussi prolifique que F. Richard-Bessière, l'Espagnol Pascual Enguídanos Usach (1923-2008) signa George H. White cinq courts romans en 1957. Dans le premier, *Extraño Visitante* (*L'Étrange Visiteur*), l'armée occupe une soucoupe volante désertée dans une réserve indienne d'Arizona. Des objets humains, dont une montre marquant 20 heures de 50 minutes, mais équivalant à un jour terrestre, y sont trouvés. Un couple arrive à un dispensaire où la femme doit être opérée d'une perforation de l'estomac. L'homme meurt d'un accident de la route. La convalescente, qui cicatrise anormalement vite, s'enfuit vers l'astronef et le fait exploser. Mais, avant de se suicider, elle avoue au médecin venir d'une Anti-Terre.

Si *Extraño Visitante* est le prologue de la pentalogie, les trois tomes suivants forment un même roman. Dans *Más allá del Sol* (*De l'Autre Côté du Soleil*), l'Est et l'Ouest s'unissent pour une expédition vers Mars. Mais une soucoupe volante détruit les sept astronefs restés en orbite avant d'être abattue à la mitrailleuse en attaquant les trois posés sur la planète. Les ressources des rescapés ne dureront pas jusqu'à d'éventuels secours de la Terre : leurs réserves d'oxygène sont limi-

tées et la primitive végétation locale n'est pas comestible. Elles ne leur permettent que de rapatrier vingt per-
sonnes dans une fusée. Ils poursuivent quand même
leur mission et leurs observations astronomiques
confirment l'existence d'une Anti-Terre.

Dans *Marte, el Enigmático* (*Mars, l'Énigmatique*),
les 45 astronautes restants entament l'exploration de
Mars malgré leur détresse. Ils découvrent d'abord une
nécropole renfermant des humanoïdes hauts de sept
mètres, puis une immense ville souterraine toujours
intacte où vit Arau, le dernier Martien. Il connaît la planète co-orbitale de la Terre et en a repoussé les
attaques. Il accepte d'aider les Terriens en leur confiant
un énorme astronef (long de 350 mètres). Mais il est tué
par les membres russes de l'expédition qui veulent s'en
emparer et paient de leurs vies le prix de leur trahison.
Le colosse a pourtant le temps d'en indiquer le manie-
ment aux bons États-uniens et à leurs alliés avant l'autodestruction de la cité.

Dans ¡ *Atención... Platillos Volantes !* (*Attention !...
Soucoupes Volantes !*), les 30 survivants, majoritaire-
ment états-uniens, regagnent la Terre et la trouvent en
proie à une guerre atomique et bactériologique déclen-
chée par Ziryab, nom indigène de l'Anti-Terre. Grâce
au super-armement de l'astronef martien, ils nettoient
l'orbite terrestre des soucoupes volantes et atterrissent
aux U.S.A. qui, dès lors, lancent une expédition contre
leurs bases sur la face invisible de la Lune, couronnée
par leur destruction ou leur reddition. Ainsi la Terre
s'empare-t-elle de la technologie de l'ennemi.
Incapable de nourrir ses huit milliards d'habitants, il y
avait concentré ses forces pour la conquête et la colonisation de la Terre.

Raza Diabólica (*La Race Diabolique*) est l'épilogue de la pentalogie. Les U.S.A. prennent la tête de la croisade contre Ziryab. Ils y lâchent des bombes nucléaires et des germes pathogènes. En vue d'en préparer l'invasion, ils infiltrent un agent, sosie d'un officier prisonnier. La planète est un empire qui ressemble fort à celui du Japon d'avant 1946. L'équivalent caricatural du Mikado domine un prolétariat misérable et primitif composé d'une race conquise, jadis à l'origine de sa technologie. Le plan consistant à la soulever réussit. La flotte terrienne l'appuie avec pour vaisseau amiral l'astronef martien. Les tyrans sont vaincus, les opprimés délivrés et la démocratie (pas au sens communiste) est établie sur toute la planète.

Peut-être inspirée de la version espagnole (1930-31) de *Jack Swift*, la série a pour héros le médecin qui opère l'Anti-terrienne. Membre de l'expédition martienne, il s'éprend de son seul membre féminin, une mathématicienne russe (évidemment) traîtresse, et part comme espion sur Ziryab. Il finit par épouser une princesse et la convaincre de renoncer au trône. Ce space opera a tous les défauts de ses équivalents états-uniens des années 1930 et 1940 : naïveté, américanocentrisme, sentimentalité victorienne, agressivité extra-terrestre. L'auteur ne manque nulle occasion de flétrir l'U.R.S.S., guerre froide oblige. Sa foi démocratique s'exprime haut et fort à l'époque de la dictature franquiste. Pour la quatrième fois, l'Anti-Terre est l'ennemi.

Il est aussi question de soucoupes volantes et du conflit est-ouest dans *Mellem os er solen* (*Entre Nous il y a le Soleil*, 1960) et sa suite *Der må komme en dag* (*Il arrivera un Jour*, 1960), deux des quatre romans de SF du Danois Herluf Th. Flensborg (1919-96). *Twin Earths* a pu l'inspirer dans la mesure où l'Anti-Terre surveille son inquiétante jumelle sous-développée du haut d'une station spatiale et entretient de nombreux espions à sa surface. C'est l'histoire de l'un d'eux, Steve Bader, un physicien atomiste terrien, chargé d'enlever un scientifique que préoccupe le détournement des nouvelles technologies à des fins militaires. Les habitants de Torong veulent l'associer à leur projet de sauvetage de la Terre et l'invitent chez eux.

Ils pratiquent la navigation spatiale depuis 250 ans et ont connu trois siècles de paix. L'usage irresponsable que font les deux blocs de l'énergie nucléaire leur fait craindre une réaction en chaîne généralisée. À bord d'une de leurs soucoupes, ils montrent à leur invité la centrale russe qui a contaminé en s'emballant une zone de 250 kilomètres de rayon (accident peu divulgué à l'époque), puis une des leurs assez puissante pour alimenter un continent. Ils pourraient anéantir l'humanité, mais préfèrent l'aider à maîtriser cette technologie dangereuse. Pour arrêter une nouvelle guerre mondiale, ils précipitent les satellites chargés de bombes atomiques dans le Soleil et neutralisent les radiations à l'intérieur et à l'extérieur de l'atmosphère.

Torong ressemble fort à la Terre, y compris biologiquement. Mais ses trois races, une blanche, une brune et une rouge, ne sont pas interfécondes avec l'humanité terrienne. Ses peuples sont unis depuis 262 ans et le célèbrent par une grande fête annuelle. Ce n'est pas une utopie, précise l'auteur, et pourtant... Le crime y est rare et tenu pour une maladie, la peine capitale inexistante. L'école est gratuite et chacun parle une langue artificielle en plus de la sienne. La longévité approche un siècle et l'euthanasie est admise. Les deux sexes reçoivent la même éducation, mais les femmes mariées restent au foyer. Elles peuvent aussi adopter sans déchoir un statut intermédiaire entre les hétaïres grecques et les prostituées sacrées orientales.

Bien que le baiser y soit inconnu, Torong est la version hyper-civilisée de la pauvre Terre. La description de sa civilisation est plus cohérente que dans *Twin Earths*, mais les deux œuvres mettent l'accent sur les leçons et les secours que cette grande sœur jumelle peut nous prodiguer. Sans pourtant aller jusqu'à l'implacable assimilation ourdie dans *La Dixième Planète*. L'opposition est intéressante avec la trilogie de P. Capon où la Terre (ou du moins des capitalistes anglais) a des visées colonialistes. Plus encore avec la pentalogie de G.H. White où l'agressivité est aussi impitoyable de la part de chaque belligérant. *Mellem os er solen* décrit avec inquiétude une tentative de tutelle bienveillante qui échoue dans le roman suivant.

Un conflit éclate encore entre l'Est et l'Ouest. Cette fois, Torong est impuissante contre leurs nouvelles armes. D'une station spatiale, Bader assiste au basculement de l'axe de rotation de la Terre et à l'anéantissement de la civilisation sous de multiples cataclysmes. Il rejoindra avec son épouse un groupe de survivants réduits à l'état sauvage dans l'espoir d'une reconstruction plus réussie. Cette suite un peu superflue et longuette aurait pu être réduite à un épilogue dans le roman initial. Atténué par une idylle interplanétaire malheureuse, l'ensemble est un plaidoyer fataliste contre la bombe atomique et l'exposé d'une société raisonnablement utopique, mais hors de portée d'une humanité minée par la guerre froide.

Mentionnons enfin en passant une bande dessinée inspirée de la pentalogie de G.H. White, *Fredy Barton, el Audaz* (tr. *Fredy l'Audace*, 1961-62), avec Fernando Cabedo Llorens (1908-88) aux crayons et peut-être pour le scénario. Ses 16 fascicules s'en démarquent dans la mesure où le personnage principal est différent, où l'histoire originale est modifiée et où s'insèrent des éléments d'autres romans du même écrivain, notamment de sa série originale de la famille Aznar (1954-58), bien plus connue, également adaptée en bandes dessinées. Le style est médiocre et de nombreuses cases sont décalquées sur le *Flash Gordon* de Dan Barry. C'est le résultat d'un tâcheron qui n'a pas su restituer l'intérêt de l'œuvre primitive.

LA DERNIÈRE VAGUE

Les problèmes de civilisation concernent aussi *La Planète Ignorée* (1964), seul récit de SF du romancier français d'aventures pour la jeunesse René Guillot (1900-69), dans la mesure où Océanus est une planète dévastée par une guerre nucléaire (et menacée par la chute de sa lune). Ses habitants, humains dont les globules rouges possèdent un noyau, visitent sa jumelle la Terre depuis des millénaires et sont à l'origine des grands monuments de ses antiques civilisations. Avec leurs soucoupes volantes, ils enlèvent des Terriens et arasent leurs mémoires pour conquérir Vénus et d'autres mondes du Système Solaire. C'est l'histoire peu originale de l'un d'eux qui a conservé sa mémoire et trouve sur cette Anti-Terre une fiancée à ramener chez lui.

Autre roman pour la jeunesse, *Lorraine s'évade* (1965) est aussi une exception dans la carrière du Français Jean Paulin (1920-2001). Lorraine est le héros d'une petite série d'aventures de guerre. Ce glorieux parachutiste militaire est enlevé par une soucoupe volante d'Hélios, Anti-Terre dépourvue d'armée que menacent des envahisseurs d'un autre système. Qu'importe : il débarque avec quelques gros bras rameutés de la Terre sur la planète ennemie, mais l'astéroïde qui fonçait vers elle ne fait que la frôler, rendant inutiles l'émigration et l'invasion. Quant au régime qui perd la justification de sa dictature, il est renversé au profit d'une démocratie. Finalement, tout ceci se révèle un rêve. Débile et bien vite oublié.

Il est par contre difficile de négliger *Tarnsman of Gor* (tr. *Le Tarnier de Gor*, 1966), début de la plus longue série du thème : trente autres romans suivent jusqu'en 1988 et de 2002 à aujourd'hui (2012), succès populaire exploité par deux mauvais films sans allusion à l'Anti-Terre. C'est l'essentiel de la fiction de John Norman, pseudonyme de l'États-Unien John Frederick Lange. Largement inspirée par la saga martienne d'Edgar Rice Burroughs, elle s'en distingue par son style plus moderne et surtout sa sentimentalité anti-victorienne. En revanche, elle est aussi facile à lire et aussi discutable scientifiquement. De plus, ses références à l'astronomie pythagoricienne sont confuses, un comble de la part d'un philosophe universitaire.

Gor a une pesanteur un peu moindre que celle de la Terre et possède trois lunes. Le Soleil y semble un peu plus petit : l'auteur aurait-il commis la même erreur que F. Richard-Bessière ? Sa population humaine habite des cités-États ennemies aux bâtiments cylindriques contrôlant des territoires d'étendues diverses, mais faisant la paix lors de foires périodiques. Elles partagent la même langue, mais chacune a la sienne. La société se divise en castes plus ou moins fermées, sans compter les hors-la-loi et les esclaves. La technologie est rudimentaire : les armes consistent en arcs, arbalètes, épée et lance ; mais existent des montres servant aussi de boussoles, des traducteurs automatiques et des ampoules lumineuses presque inépuisables.

Les maîtres occultes de Gor sont les Prêtres-Rois, insectoïdes sociaux quasi-immortels, détenteurs d'une super-technologie. Ils l'ont peuplée de Terriens qu'ils traitent en sujets d'expérience et la gouvernent par l'intermédiaire des Initiés, la caste supérieure. Ils ont enlevé Tarl Cabot, car ils lui réservent un destin particulier. De fait, celui-ci sera mêlé à leurs intrigues dans leur nid des Monts Sardar, sujet de *Priests-Kings of Gor* (tr. *Les Prêtres-Rois de Gor*, 1968). Après une période d'instruction, il s'intègre à la société goréenne comme guerrier et cavalier de tarns, sorte de faucons géants. Il remplira alors la planète de ses aventures, multipliant et soumettant les conquêtes féminines. Le cadre anti-terrien devient négligeable.

Mais Gor est plus qu'un monde d'aventures. Les Goréennes se vouent au plaisir des mâles et sont dressées à s'y complaire. Dans *Tribesmen of Gor* (tr. *Les Tribus de Gor*, 1976), explique l'auteur, la machine a déshumanisé l'humanité sur la Terre. Les hommes n'y sont pas de vrais hommes et les femmes de vraies femmes, alors que sur Gor... Les uns répriment leur masculinité et les autres leur féminité. Elles s'efforcent d'imiter la masculinité qu'elles ne trouvent pas chez eux, d'où des rapports faussés. C'est généraliser la sexualité états-unienne. Ainsi la série est-elle devenue l'apologie de l'esclavage féminin. Est-ce la supériorité de Gor sur sa jumelle ? L'auteur y exalte-t-il ses fantasmes sexuels ou exploite-t-il ceux de ses lecteurs ? Ou les deux ?

Premier film sur l'Anti-Terre, *Journey to the Far Side of the Sun* (tr. *Danger : Planète Inconnue*, 1969) du Britannique Robert Parrish revient aux sources. Sans le mentionner, il plagie en le modernisant *Who is Charles Avison ?* et exploite plus à fond le même quiproquo interplanétaire. Une sonde spatiale a détecté une planète co-orbitale à la Terre au-delà du Soleil. Un vaisseau habité y est envoyé. Le module d'atterrissage s'y écrase et ses deux astronautes sont blessés. Le plus valide est surpris de se réveiller à sa base de départ et plus encore quand la sécurité lui demande pourquoi il a fait demi-tour. Son épouse lui paraît étrange. Ce qui est malaisé dans la nouvelle tient du tour de force ici, d'où un scénario plus sophistiqué.

Ainsi, quand meurt l'autre astronaute, l'autopsie révèle des organes inversés comme dans un reflet tridimensionnel. C'est un sosie qui a quitté la Terre et atterri sur le double énantiomorphe de celle-ci. Et l'identique est arrivé de l'autre côté du Soleil. Pour vérifier la théorie, un second module d'atterrissage est lancé avec le survivant vers le vaisseau porteur toujours en orbite. Mais leur contact provoque un arc électrique, l'un étant chargé positivement et l'autre négativement. Endommagé, l'engin s'écrase en tentant de regagner la base et la dévaste. L'organisateur du projet y survit. À la fin, très diminué, il se fracasse contre un miroir symbolisant la double fatalité cosmique et s'éteint miséricordieusement le dernier témoin de l'affaire.

Si tiré par les cheveux soit-il, ce scénario est un exemple frappant de logique dans l'absurde. Chaque atome de la Terre aurait son double inversé dans l'Anti-Terre et y serait enchaîné jusqu'au moindre mouvement. Un postulat aux implications troublantes. Qu'adviendrait-il de deux vaisseaux lancés des deux planètes vers une troisième située à une distance nécessairement différente pour chacune ? Ils s'y rencontreraient à des moments décalés. Leurs équipages y gagneraient-ils une liberté et une individualité nouvelles ? Or le film exclut toute échappatoire à la fatalité duelle, ce qui le rend angoissant. Malgré le précédent de 1916, c'est le plus fascinant des traitements anti-terriens et il est servi par de bons acteurs et effets spéciaux.

L'Anti-Terre sert uniquement de champ de bataille à de grotesques monstres japonais dans une production pour la jeunesse de Noriaki Yuara, *Gamera tai Daikuju Giron* (tr. *Gamera contre Guiron*, 1969). Deux garçonnets pénètrent indûment dans un astronef extra-terretre qui les emporte et atterrit près d'une cité en ruines où s'affrontent Guiron au museau effilé comme un sabre et Gaos, une espèce de chauve-souris surdimensionnée. Mais voici qu'arrive Gamera, une gentille tortue géante, héroïne de bien d'autres films. Elle les sauve des deux affreux et les ramène sur la Terre. La charmante naïveté de cette œuvrette sans prétention est assumée jusqu'à l'infantilisme. Elle n'apporte strictement rien au thème.

Bien que la mention « roman » figure sous son titre, il est malaisé de considérer comme tel *Tierra-Dos* (*Terre-Deux*, 1972) de l'Espagnol Jaime Ministral Masiá. Il s'agit en effet de la relation d'un congrès international sur la vie extra-terrestre. Les hypothèses scientifiques dérivent vite vers des élucubrations sur les visiteurs d'outre-espace, leur contribution aux civilisations antiques, leur assimilation à des divinités, jusqu'aux soucoupes volantes et à l'Anti-Terre. Au moins l'auteur a-t-il compris qu'en parcourant en sens inverse l'orbite de la Terre et à la même vitesse, un vaisseau y parviendrait en trois mois. Mais quand il se demande sans rire si Jésus s'est incarné sur l'autre planète et a aussi racheté ses habitants, le lecteur reste perplexe.

Un congressiste prétend avoir reçu la visite d'un Anti-Terrien qui lui a proposé d'y séjourner sept ans pour faire bénéficier l'humanité de son expérience. La planète est un peu plus petite que sa contrepartie et ses terres émergées constituent un seul continent sous un climat tempéré. Ces conditions y ont favorisé une unification religieuse, culturelle et politique, d'où une civilisation plus avancée. Ainsi ses vaisseaux visitent-ils Terre-Une depuis le XVIIIe siècle. Pour compliquer les choses, elle aussi est survolée par des soucoupes volantes. L'auteur de ces révélations disparaît mystérieusement. Nul ne regrettera qu'il ne soit toujours pas revenu. Un tel fatras de divagations, surtout présentées comme possibles, est bien suffisant.

Une sixième bande dessinée, *The Power of Warlock* (tr. *Warlock*, 1972-74), d'abord écrite par Roy Thomas et dessinée par Gil Kane (1926-2000), s'inscrit dans le contexte contraignant des superhéros états-uniens tout en s'en démarquant un peu. Adam Warlock procède d'une expérience génétique visant à créer l'homme parfait du futur. Né d'un cocon, il en secrète un pour s'y réfugier chaque fois qu'il est vaincu. Lors de cette aventure, il dérive sous cette forme dans l'espace quand sa trajectoire croise celle du Grand Évolutionnaire, un ancien humain qui a acquis une stature quasi divine. Il agrège autour d'un fragment de la Terre des astéroïdes pour en tirer une réplique fidèle, mais exempte du mal de l'autre côté du Soleil.

En quelques heures, la nouvelle planète parcourt tous les stades de la formation et de l'évolution. Mais la pervertissent les hommes-bêtes, résultat d'une expérience ratée du Grand Évolutionnaire. Toujours en révolte contre leur maître, ils forcent son laboratoire et profitent de son sommeil pour semer le germe de la violence dans sa création. Dès lors, l'histoire humaine y suit le même cours que sur la Terre. Le démiurge détruirait son œuvre si Warlock, perçant son cocon, n'intercédait pour elle. Il se laisse fléchir et pose même sur le front du superhéros une émeraude qui renforce ses pouvoirs. Le reste de l'aventure concerne les efforts du nouveau champion de l'Anti-Terre pour en éradiquer le mal et combattre ses propagateurs.

Paraphrase de mythes bibliques, la série évoque même le couple originel et le premier meurtre. Les fauteurs du mal sont des humanoïdes zoocéphales, dont l'un à tête de serpent, et se conduisent en anges déchus. Tel Jéhovah, le Grand Évolutionnaire se repent d'abord d'avoir créé l'humanité anti-terrienne. Pour l'affranchir de l'équivalent du péché originel, il lui envoie un être qui en est exempt et ressemble au fils qu'il aurait aimé avoir. Et Warlock, nouvel Adam, meurt sur une espèce de croix, remonte de la tombe et neutralise les hommes-bêtes en les ramenant à l'état animal. Il accomplit une solitaire assomption spatiale après avoir fondé son culte et racheté la planète. Mais est-elle pour autant libérée de son dieu ?

Warlock n'est pas le premier superhéros christique — solaire, quoique sombre. Compatissant comme ses modèles, il aide les petits, les obscurs, les sans-grade — ici une bande de jeunes — tout en sauvant le monde, non sans casse, il est vrai, car la violence ne le gêne pas. Hélas, cette quête pâtit du défaut inhérent aux comic-books états-uniens : les auteurs originels cèdent leur place, reviennent, repartent et l'abandonnent à des tâcherons qui l'affadissent, la trahissent. La série finit écourtée, faute de succès, avant de renaître sous une autre forme en 1975. C'est dommage, car ce fatras judéo-chrétien, si malmené soit-il, donnait à cette Anti-Terre à la sauce mystique un relief compensant un décor trop semblable à l'actualité terrestre.

La fin de l'aventure anti-terrienne tombe dans un rattrapage pitoyable de la série en guise de conclusion : l'intervention de Hulk, parent très pauvre de Mr. Hyde, hautement débile, mais populaire auprès du public infantile de l'éditeur. Il s'oppose à Warlock et joue le rôle involontaire de Judas auprès de ses ennemis. Il avait d'ailleurs visité l'Anti-Terre avec un autre super-héros aussi grotesque, Rhino. Dans une sorte d'appendice indépendant, *Frenzy on a Far-Away World* (*Frénésie sur un Monde Lointain*, 1972) de R. Thomas & Herb Trimpe, ils n'avaient pas rencontré Warlock, mais avaient été pris dans un combat entre le Grand Évolutionnaire et les hommes-bêtes avant de regagner la Terre. Un épisode inutile et sans intérêt.

Le dernier film anti-terrien est le pilote d'une série télévisée états-unienne avortée. Dans *The Stranger* (tr. *L'Étranger*, 1973) de Lee H. Katzin (1935-2002), un astronaute, survivant d'un équipage de trois, croit s'être écrasé sur la Terre. Tout en effet lui rappelle les

U.S.A. : la langue, l'environnement, les marques de voitures, etc. (d'où économie budgétaire). Il se réveille dans ce qu'il croit être un hôpital. Le médecin traitant lui dit qu'il a subi un choc psychique. En réalité, il est interrogé sous drogues pour tout révéler de son monde d'origine et, lorsqu'il s'évade, la vue de trois lunes et l'impossibilité de joindre par téléphone des connaissances lui apprennent qu'il est sur une autre planète. Une chasse à l'homme s'organise aussitôt.

Le régime redoute les idées différentes qui peuvent contaminer la population et lance une campagne de dénonciation. Déjà, son médecin pense qu'un être d'une autre planète peut apporter quelque chose de neuf et veut le sauver. Il sera lobotomisé. Il tente de se fondre dans cette société, tombe même amoureux d'une femme qui, avant de le dénoncer le mène chez un savant non conformiste. Celui-ci lui apprend alors qu'il est sur Terra, une planète co-orbitale à la Terre, mais de l'autre côté du Soleil. Il l'aide à pénétrer dans un centre spatial pour regagner son monde. Une fusillade éclate. Il profite de l'explosion d'un réservoir d'oxygène liquide pour disparaître. Fugitif, il tentera de s'y dissimuler dans l'espoir de regagner sa patrie.

L'intérêt relatif de ce téléfilm réside dans la société anti-terrienne. À la suite d'une terrible guerre, l'Ordre Parfait a supprimé la pauvreté et la souffrance sur Terra. Il a instauré la paix et un état mondial, mais aussi un contrôle serré de la population : la délation est encouragée, le téléphone sous écoute, la télévision espionne les foyers, la religion est interdite, l'alcool déconseillé, la culture bridée, les opposants et les marginaux sont lobotomisés ou éliminés. En fait, plus qu'une Anti-Terre, c'est une Amérique dépouillée de ses garanties constitutionnelles que présente cette production qui aurait sans doute mérité un meilleur sort, mais reste assez conventionnelle par son anti-utopie sous surveillance où le bonheur est obligatoire.

Dans *Aïo Terre Invisible* (1973), du prolifique auteur communiste français pour la jeunesse Christian Grenier, les Anti-Terriens sont civilisés depuis huit millions d'années, mais déclinent génétiquement. Ils ont donc envoyé sur la Terre au début du Quaternaire une expédition pour y opérer un croisement avec des singes. La dernière date de 1840 et ses descendants sont rappelés par la planète mère avec pour mission d'emmener un échantillon de Terriens pour régénérer leur race. La majeure partie de ce roman laborieux et peu inspiré concerne leurs efforts pour la remplir et ceux des services secrets terriens pour les en empêcher. Leur fusée finit par décoller avec son équipage. Aucune suite ne semble avoir été prévue pour expliciter cette Anti-Terre.

L'Anti-Terre sert de point de départ à *Jaktrymdskepp X12* (*Chasseur Spatial X12*, 1975-80), série de trente-deux courts romans populaires du Suédois Olof Möller (1923-85). Le trouvant sans doute inadapté à ses space operas, il a ajouté entre autres au Système Solaire Anti-Tellus et ses quatre satellites. Ses habitants sont des humanoïdes nains à l'énorme tête chauve, aux yeux décolorés et inexpressifs, aux grandes bouches et aux lèvres fines, aux jambes et aux bras minces. Ils vivent de végétaux et d'eau mêlée de soufre et de naphte. Leur psychisme manque de caractère : l'humour, le mensonge et la violence leur sont inconnus. Ils ignorent l'énergie nucléaire, mais leurs soucoupes volantes utilisent celle du Soleil.

Dans *Stellarernas angrep* (*L'Attaque des Stellars*, 1974), l'astronaute Tim Timmer et ses camarades, l'Allemande Vera Korbach et la Zambienne Zarah Wyng, suivent l'une d'elles et atterrissent sur la planète. Leur pistolet atomique déclenche accidentellement une réaction en chaîne limitée sur son hémisphère mort, d'où des éruptions volcaniques, des émissions de gaz méphitiques et l'émigration d'oiseaux meurtriers vers la partie habitée. Là, un cosmonaute russe leur sert d'interprète. Enlevé par les humanoïdes soixante ans auparavant, il a été soumis sans anesthésie à des expériences sans que ceux-ci se soient doutés qu'il pouvait souffrir. Bien sûr, ils se gardent de révéler qui a causé ces cataclysmes et se hâtent vers la Terre.

Dans *Humanoidupproret* (*La Révolte des Humanoïdes*, 1975), les indigènes rattrapent les trois astronautes. Ils ont besoin d'eux pour résoudre un problème inédit chez eux : une guerre civile. Heureusement, arrivent cinq vaisseaux terriens lourdement armés. Il s'agit en fait d'une insurrection de robots à l'apparence humanoïde. Dans *Guldmånen* (*La Lune en Or*, 1975), une race reptilienne d'une planète épuisée d'Alpha Centauri subtilise morceau par morceau un des quatre satellites grâce à un immense anneau lumineux à travers lequel passent aussi leurs astronefs. Ils émigreraient volontiers sur Anti-Tellus s'ils ne s'apercevaient que son eau est contaminée. Mais la Terre leur conviendrait. Ils échoueront au titre suivant.

À l'occasion, Anti-Tellus émerge encore dans la série. Ainsi *Rymdvisionen* (*La Vision Spatiale*, 1976) s'y passe quelques années après que les deux planètes ont noué des relations. Un meurtre endeuille la petite colonie terrienne. Le coupable ne peut être un des indigènes, vu leur mentalité. Est alors découvert en plein espace un double sans vie de la victime à bord d'une copie de son astronef. Il se révèle enfin que les humanoïdes expérimentaient la duplication de la matière, mais sans réussir celle des consciences humaines. Le défunt avait surpris le secret et péri par accident. Les expériences cessent. Ce roman n'est pas plus original que les autres, mais reprend de façon oblique autant que restrictive le concept de la gémellité anti-terrienne.

Autre imitateur d'E.R. Burroughs, l'Anglais J(ohn) T(homas) Edson a créé les personnages de Dawn, petite-fille de Tarzan, et Bunduki (surnom signifiant « arme à feu » en swahili de James Allenvale Gunn), son fils adoptif. Dans le roman *Bunduki* (*Bunduki*, 1975), ils se retrouvent séparés dans une jungle qui ressemble à celle de l'Afrique, mais possède une faune venue en partie d'autres régions du globe. Avant d'être réunis, ils affrontent divers ennemis : des hommes-singes velus, l'équivalent d'anciens Romains, etc. Un extra-terrestre leur explique enfin qu'ils sont sur Zillikian, nom local de l'Anti-Terre, où ses pareils ont transplanté de la faune terrestre et autre, dont des humains qu'ils ont obligeamment soustraits à un danger mortel.

Comme sur Gor, ils les contrôlent. Ils leur fournissent du matériel, prévenant la révolution industrielle qui a gâché la Terre. Refusant d'être rapatrié, le couple choisit cette vie dangereuse, mais exaltante. Ainsi explore-t-il le reste de la planète dans *Bunduki and Dawn* (*Bunduki et Dawn*, 1976), *Sacrifice for the*

Quagga God (*Le Sacrifice au Dieu Quagga*, 1976) et *Fearless Master of the Jungle* (*Le Maître sans Peur de la Jungle*, 1976), pastiches dont le cadre pourrait être l'Afrique de Tarzan. S'y ajoutent *Amazons of Zillikian* (*Les Amazones de Zillikian*, 1980), interdit de publication par les ayant droit d'E.R. Burroughs, mais circulant, paraît-il, photocopié, sous le manteau, et quatre nouvelles préalables au voyage sur l'Anti-Terre.

Un curieux roman français, malheureusement ina-bouti, le deuxième de l'auteur populaire Chris Burger, clôt presque le dossier de l'Anti-Terre. *Quand elles viendront* (1977) s'ouvre sur l'apparition dans une boîte d'une sorte de statuette de chair qui devient en quelques heures une magnifique jeune fille. Muette et amnésique comme un nouveau-né, elle est baptisée Gyna, apprend très vite et s'attache à son hôte. Mais bientôt en apparaît une autre parfaite-ment identique, puis des dizaines de millions sur toute la Terre. Réunissant les qualités propres à plaire aux mâles les plus exigeants, elles trouvent toutes preneurs auprès de ceux chez qui elles ont surgi comme par enchantement. Cette invasion de charme s'impose en douceur.

Soumises à l'hypnose, les Gynas ne révèlent que de rares détails de leur planète d'origine. Elles s'or-ganisent et, par une mainmise sur la presse, exercent une forte influence sur leurs conjoints, puis dans le reste de l'humanité, qui aspire bientôt au modèle de relations de couple qu'elles favorisent. Elles finissent par réduire leurs compagnons à l'état fœtal et, repre-nant le cycle, les déposent chez les femmes de l'Anti-Terre. Il n'est pas sûr qu'elles en viennent, quoique la description corresponde à celle de leurs délires hypnotiques. Mais alors, pourquoi en entreprendre l'invasion ? L'auteur est vague et ambigu à cet égard comme dans sa misogynie. Il respecte la classique symétrie-asymétrie entre les deux mondes.

Pourtant réfutée, l'Anti-Terre apparaît une dernière fois dans *Les Inconnus du Ciel* (1994) et *La Planète Inconnue* (1994), roman en deux volumes pour la jeunesse du Français Armand Toupet (1919-2006). Son seul intérêt réside dans sa justification pseudo-scientifique. À l'origine, elle ne formait qu'une planète avec la Terre, avant qu'une explosion interne les sépare. Elle ne se cache pas toujours derrière le Soleil, car leurs orbites ne coïncident pas tout à fait, si bien qu'elle se rapproche de sa sœur tous les 500 000 ans, y causant des cataclysmes. Tarra est dépourvue de satellite, plus petite, possède moins d'océans et son atmosphère contient davantage d'oxygène.

C'est la patrie des soucoupes volantes. Ses habitants enlèvent périodiquement des Terriennes. Elles sont en effet immunisées contre la maladie qui stérilise leurs femmes, menaçant leur race. Ils la leur inoculent dans l'espoir d'obtenir un remède. Elles n'en meurent pas, mais en souffrent. Une nouvelle arrivante en est informée par une lettre qu'a laissée une suicidée qui a refusé de servir de cobaye. Elle prétend avoir reçu ces révélations de son fantôme et réussit à en convaincre les Tarraniens. Particulièrement superstitieux, ils croient alors que le fléau est un châtiment divin et la renvoient sur la Terre. Sauf la genèse de l'Anti-Terre, il n'y a là rien d'original.

JUSTIFICATIONS DE L'ANTI-TERRE ?

L'Anti-Terre fut-elle un mythe envisageable ? Son influence gravitationnelle sur sa voisine Vénus l'aurait trahie et même permis de calculer sa masse. Jouons un peu : deux essaims d'astéroïdes, les Grecs et les Troyens, évoluent de part et d'autre de Jupiter, tous sur la même orbite. Ils forment avec le Soleil un ensemble solidaire de deux triangles équilatéraux à un côté commun. En théorie, trois corps suffisent à stabiliser un tel triangle. Soient le Soleil et l'Anti-Terre et, pour compléter la figure, un astéroïde discret. Hélas, l'orbite partagée par celui-ci, la Terre et l'Anti-Terre n'étant pas un cercle parfait (ce que devait savoir E.T. Marshall), ces deux dernières auraient été réciproquement et brièvement visibles en un point de leur course.

Rétrospectivement, l'Anti-Terre apparaît aussi impossible que fascinante. Les philosophes, les occultistes et les astronomes ne l'ont-ils jamais prise au sérieux ? Reste la fiction. C'est d'abord un lieu commode où placer une utopie, comme jadis une île ou une contrée inconnue. Ainsi D.L. Stump y transpose-t-il son Amérique idéalisée, S. Béliaev un socialisme accompli, de même que dans une certaine mesure P. Capon au début de sa trilogie, H.T. Flensborg une société qui a résolu ses problèmes les plus graves dans son premier roman et l'équipe hétéroclite de *The Power of Warlock* le concept mystique d'une humanité bénéficiant in fine d'une rédemption du péché originel et peut-être plus réussie que sur son modèle terrien.

Ceci inclue souvent une critique directe ou non de la Terre. Ainsi celle-ci opprime-t-elle Dimoun chez O. Tezuka. Le triomphe de Warlock succède à une paraphrase dramatique des travers de la société états-unienne et de l'œuvre de Satan sur le monde. À l'inverse le second roman de H.T. Flensborg raille douloureusement l'échec des Torongiens à le réformer. La conclusion de la trilogie de P. Capon est une satire mordante de la politique impérialiste de la bourgeoisie britannique. S. Béliaev consacre à la période pré-socialiste de Sialmé un spectacle holographique édifiant, historique et anti-capitaliste. D.L. Stump se répand en critiques politiques. La Terre est alors ravalée au rang de repoussoir face aux utopies anti-terriennes.

À l'inverse, le tome central de la trilogie de P. Capon décrit une société encore plus arriérée que la nôtre. L'Atlantide de la Loma de C. Frost & B. Blackaller, les empires archaïques de G.H. White et de *Jack Swift* méritent leurs défaites. L'Océanus de R. Guillot est un désert post-nucléaire, l'Aïo de C. Grenier a dégénéré génétiquement et le peuple de la Tarra d'A. Toupet frise l'extinction. Celle de l'Anti-Tellus d'O. Möller est bien morne. C.H. Badet et L.H. Katzin décrivent une extrapolation pervertie du Progrès. La série de J. Norman est une autre anti-utopie, à la fois antiféministe et nouvelle Cythère pour mâles frustrés. Enfin, renonçons à qualifier *Twin Earths* tant cet aspect y est superficiel, humoristique et contradictoire.

Jusqu'où la ressemblance entre la Terre, actuelle ou passée et l'Anti-Terre est-elle consubstantielle au thème ? Par sa technologie au moins, cette dernière préfigure souvent la destinée de sa sœur, pour le meilleur ou le pire. L'(anti –) utopie sexuelle de Gor, malgré ses armes blanches, a ses prêtres-rois immanents et la société anti-industrielle de Zillikian un équivalent. Mais les deux planètes se différencient à peine dans

The Power of Warlock et *The Stranger*. Temporellement, l'une avance ou recule de très peu sur l'autre dans *Planetoid 127*. Elles sont strictement identiques dans *Journey to the Far Side of the Sun* et seule une intervention extérieure rompt le parallélisme dans *Who is Charles Avison ?* L'absurde culmine alors.

Le parallélisme infrangible dans *Journey to the Far Side of the Sun* se base sur l'analogie entre l'original et son reflet : nul n'a jamais vu celui-ci contredire celui-là, sauf dans un miroir déformant, autre source d'inspiration du thème. Mais elle trouve vite ses limites. Malgré leur énantiomorphisme, aucun des deux mondes n'est une image : chacun est vrai. Restent leurs charges électriques opposées. Pourtant, cette seconde différence n'est pas plus déterminante. Ce coup de théâtre est un artifice de scénario pour conclure brillamment l'histoire, peut-être une justification commode pour préserver un semblant de divergence — en vertu de quelle repentance ? Le film exclut la rupture entre la Terre et l'Anti-Terre. Elles sont enchaînées l'une à l'autre.

Who is Charles Avison? exploite cette rupture. Concept à la fragilité évidente. Là réside son intérêt, malgré un plaidoyer pour un retour à la convergence. L'espèce de lien mystique entre les deux mondes relève plus de l'occultisme que de l'hérésie scientifique. Logiquement, sa rupture aurait dû advenir plus tôt face aux nombreux facteurs invasifs de divergence du milieu cosmique : chutes catastrophiques d'astéroïdes, etc. L'auteur le retarde donc jusqu'à l'invraisemblance. Il s'ensuit chez son personnage des sentiments de sacrilège et d'être en trop. D'où sa fuite. Par peur d'élargir la brèche ou pour la combler par son absence ? Les deux. La Terre et l'Anti-Terre doivent s'égaliser à nouveau. Qu'en est-il de la liberté de leurs habitants ?

Le thème se confond parfois avec celui des planètes jumelles hors orbite. Elles sont rarement identiques, comme dans la bande dessinée de l'Espagnol José María Beà *Un Mundo de Imitación* (tr. *L'Incroyable Aventure*, 1960), mais se ressemblent souvent, comme dans *Out of this World* (*Hors de ce Monde*, 1960) du Canadien Ben Barzman (1912-89). Elles peuvent refléter le passé de la Terre, comme dans *Le Sang des Astres* (1963) de la Française Nathalie Henneberg (1910-77), ou son futur, comme dans *Un Étrange Marché...* (1941) de sa compatriote Lucienne Rozier. Leurs problématiques les rapprochent des Anti-Terres. Mais les implications pseudo-astronomiques de ces dernières et leur particularisme inhérent vont plus loin.

Ainsi que le double (en attendant le clone), la gémellité des deux planètes est un artifice visant à choquer. Elle nie d'autant plus leurs singularités qu'elles se ressemblent. Même avec leurs différences, elles offensent notre individualité dans la mesure où nous nous identifions à l'une ou l'autre : auteurs et amateurs de SF y sont peut-être plus sensibles que leurs contemporains. Nous nous sentons dépossédés de notre individualité en tant que Terriens, tout comme l'existence d'un sosie inquiète et même la vue de deux jumeaux intrigue. Est-ce la raison profonde pour laquelle H.T. Flensborg sanctionne par la dévastation de la Terre la tentative de l'Anti-Terre de l'amender et donc de se l'assimiler ? Ne sont-elles que *diamétralement* opposées ?

Cette opposition serait donc bien plus psychique que géométrique. La gémellité planétaire serait-elle un masque, un prétexte hypocrite pour accentuer la différence entre ces mondes ? Comme si l'homologie censée les caractériser effrayait après coup les auteurs et qu'ils s'ingéniaient inconsciemment à la repousser. Typique symptôme de rejet. Par exemple en projetant sur l'Anti-Terre un cauchemar technologique (*La Dixième Planète*) ou sociologique (*The Stranger*) ; en la taxant de matriarchie dans *Twin Earths*, d'envahisseuse chez G.H. White, d'esclavagiste dans *Jack Swift*. Ou, à l'inverse, en résolvant des phobies inhérentes à certaines cultures terriennes : le féminisme dévirilisant sur Gor, le péché originel avec Warlock-Christ.

Dans la bande dessinée d'O. Tezuka, le repoussoir est double : d'une part les Anti-terriens pratiquent l'esclavage, que les Terriens leur appliquent sous l'espèce d'une colonisation néo-capitaliste, voire d'une forme de cannibalisme. Même si ces aspects sont réparés et reniés dans la conclusion, le thème sert de prétexte à souligner d'une part ce que deux espèces intelligentes ont de pire, d'autre part ce qu'elles ont de meilleur. C'est une moralité proposée aux enfants comme aux adultes. Autre double portée morale, celle s'adressant aux deux dans *Twin Earths* : un anticommunisme édifiant typique du maccarthysme pour la Terre, doublé sur Terra d'une satire antiféministe reflétant les inquiétudes du mâle états-unien de l'époque.

La spécificité du thème réside à la fois dans la similarité et la différence entre les deux planètes. C'est le transfert d'une émotion humaine au niveau interplanétaire : la peur, mêlée de fascination, du double. D'où l'angoisse inhérente à l'audacieuse exception de *Journey to the Far Side of the Sun*, seule identification irréversible de l'une à l'autre. *Who is Charles Avison?* en est le reniement, inquiet et passager. Il est futile dans *Planetoid 127*, très limité dans *Rymdvisionen*. Partout ailleurs, qu'importe que les divergences se présentent à l'avantage de la Terre ou de l'Anti-Terre pourvu qu'elles soient au moins minimes, indépendamment du choc de la confrontation. Les astres aussi ont leur singularité. Nous projetons sur eux la crainte de perdre la nôtre.

29/05 – 24/08/2012
+ septembre 2015 et décembre 2017

BIBLIOGRAPHIE THÉMATIQUE

1/   DAVID LEROY STUMP: FROM WORLD TO WORLD (USA)

1 — World Publishing Co, Ashbury, 1896.

2/   DAVID LEROY STUMP: THE LOVE OF MELTHA LAONE OR BEYOND THE SUN (USA)

1 —Roxburgh Publishing Co, Boston, 1913.

3/   EDISON TESLA MARSHALL: WHO IS CHARLES AVISON ? (USA)

1 — The Argosy, avril 1916.
2 — Famous Fantastic Mysteries, décembre1939.
3—Anthologie *Shot in the Dark*, Bantam Books, 1950 (plusieurs réimpressions).
4 — Fac-similé de Famous Fantastic Mysteries, décembre 1939, sur Internet.

Traduction : *Qui est Charles Avison ?* (Antarès n° 6, 1er trimestre 1982).

4/   EDGAR WALLACE : PLANETOID 127 (Grande-Bretagne)

1 — Recueil *Planetoid 127*, Reader's Library Publishing Company, Londres, 1929.
2 — Fantastic, novembre 1962.
3 — Greenhill Books, Greenhill Science Fiction & Fantasy, Elstree, 1986.
4 — Site du Projet Gutenberg, 2008 (Australie).
5 — Dodo Press, 2011.

5/   HAL COLSON & CLIFF FARRELL: JACK SWIFT (USA)

1 — The Evening News, 1930-37.

6/ SERGEI (VLADIMIROVITCH) BÉLIAEV: ДЕСЯТАЯ ПЛАНЕТА (URSS)

1 — Detguiz, Moscou, 1945.

7/ PAUL CAPON: THE OTHER SIDE OF THE SUN (Grande-Bretagne)

1 — William Heinemann, Londres, 1950.

8/ PAUL CAPON: THE OTHER HALF OF THE PLANET (Grande-Bretagne)

1 — William Heinemann, Londres, 1952.
2 — Idem, 1954.

9/ OSKAR LEBECK & ALDEN MCWILLIAMS: TWIN EARTHS (USA)

Bandes quotidiennes :
1 — United Feature Syndicate, divers quotidiens du 16/6/1952 au 25/05/1963.

Traductions : *Marc, Héros des Temps Futurs* (Fantasia n° 1 à 26, 38 à 48) ; *Terres Jumelles* (Johnny n° 1 à 7, d'avril à août 1970), (Rétro BD n° 1 à 10, 1978-79).

Bandes dominicales :
1 — United Feature Syndicate, divers quotidiens du 1/3/1953 au 28/12/1958.

Traductions : *Terres Jumelles* (Tarzan n° 25 à 30, du 12/8 au 17/10/1953, poursuivi dans Hurrah ! n° 1 à 14, du 24/10/1953 au 30/1/1954 [cases retouchées et recadrées] ; Éd. Francis Valéry, Cubnezais, 2008) (édition fac-similé des précédents).

10/ OSAMU TEZUKA: ロック冒険記 (ROCK BOKENKI) (Japon)

1 — Shônen Club, juillet 1952 à avril 1954.

2 — Kodansha, Tokyo, 1955 (édition révisée).
3 — Idem, Tokyo, 2010 (édition révisée).
Nombreuses autres rééditions.

11/ PAUL CAPON: DOWN TO EARTH (Grande-Bretagne)

1 — William Heinemann, Londres, 1954.
2 — Digit Books, Londres, 1964.

12/ CONRAD FROST & BASIL BLACKALLER: ACE O'HARA (PLANET LOMA) (Grande-Bretagne)

1 — Quotidien Daily Dispatch, 21/06/1954—24/05/1955.
2 — Quotidien Age, 8/11/1954 — ? / ? /1955 (Australie).

Traduction : *Ace, Champion de l'Espace* (Hurrah ! n° 77 à 112, du 9/4 au 10/12/1955) (dessins colorisés).

13/ C.H. BADET : LA DIXIÈME PLANÈTE (France)

1 — Éd. Métal, Paris, Série 2000 n° 1, 1954.

14/ F. RICHARD-BESSIÈRE : OBJECTIF SOLEIL (France)

1 — Éd. Fleuve Noir, Paris, Anticipation n° 69, 1956.

15/ GEORGE H. WHITE : EXTRAÑO VISITANTE (Espagne)

1 — Editoral Valenciana, Valence, Luchadores del Espacio n°60, 1957.
2 — Recueil *Más allá del Sol*, Pulp Ediciones, Alcalá de Henares, Aelita n°2, 2002.

16/ GEORGE H. WHITE : MÁS ALLÁ DEL SOL (Espagne)

1 — Editoral Valenciana, Valence, Luchadores del Espacio n°61, 1957.
2 — Recueil *Más allá del Sol*, Pulp Ediciones, Alcalá de Henares, Aelita n°2, 2002.

17/ GEORGE H. WHITE : MARTE EL ENIGMÁTICO (Espagne)

1 — Editoral Valenciana, Valence, Luchadores del Espacio n°64, 1957.
2 — Recueil *Más allá del Sol*, Pulp Ediciones, Alcalá de Henares, Aelita n°2, 2002.

18/ GEORGE H. WHITE : ¡ATENCIÓN… PLATILLOS VOLANTES ! (Espagne)

1 — Editoral Valenciana, Valence, Luchadores del Espacio n°65, 1957.
2 — Recueil *Más allá del Sol*, Pulp Ediciones, Alcalá de Henares, Aelita n°2, 2002.

19/ GEORGE H. WHITE : RAZA DIABÓLICA (Espagne)

1 — Editoral Valenciana, Valence, Luchadores del Espacio n°66, 1957.
2 — Recueil *Más allá del Sol*, Pulp Ediciones, Alcalá de Henares, Aelita n°2, 2002.

20/ HERLUF TH. FLENSBORG : MELLEM OS ER SOLEN (Danemark)

1 — Steen Hasselbalch, Copenhague,1960.

21/ HERLUF TH. FLENSBORG : DER MÅ KOMME EN DAG (Danemark)

1 — Steen Hasselbalch, Copenhague,1960.

22/ FERNANDO CABEDO LLORENS : FREDY BARTON, EL AUDAZ (Espagne)

1 — Editorial Valenciana, Valence, 1961-62.

Titres suivants de la série : 1 *Atencíon… Platillos Volantes!*, 2 *Rumbo a lo Desconocido*, 3 *La Raza que muere*, 4 *Más allá del Sol*, 5 *El Continente Misterioso*, 6 *Tierra de Pesadilla*, 7 *Muerte al

Invasor!, 8 *Guerra sin Cuartel*, 9 *El Secreto de los Marcianos*, 10 *Embajador en Arkron*, 11, *El Imperio Sol*, 12 *Con las Horas Contadas*, 13 *La Nueva Amenaza*, 14 *Destructores de Mundos*, 15 *Comandos Siderales*, 16 *La Tierra bajo el Invasor*.

Traduction : *Fredy l'Audace* (Antarès n° 19, avril 1980 : *L'Oméga* ; n° 20, mai : *Attaque Atomique* ; n° 21, juin : ? ; n° 22, juillet : *La Tour des Chauves-Souris* ; n ° 23, août : *Commando pour la Lune*), n° 24 et suivants ? (les épisodes français ne coïncident pas avec ceux de l'édition espagnole).

23/   RENÉ GUILLOT : LA PLANÈTE IGNORÉE (France)

1 — Éd. Hachette, Paris, Bibliothèque Verte n° 232, 1964.

24/   JEAN PAULIN : LORRAINE S'ÉVADE (France)

1 — Éditions Gérard, Verviers, Marabout Junior n° 302, 1965.

25/   JOHN NORMAN: TARNSMAN OF GOR (USA)

1 — Ballantine Books, New York, 1966.
Nombreuses réimpressions et rééditions.

Traductions : *Le Tarnier de Gor* (Éd. Opta, Paris, Aventures Fantastiques n° 14, 1975, et Galaxie-bis n° 85, 1983, n° 130, 1986 ; Éd. J'ai lu, Paris, Fantasy/SF n° 3168, 1992, 2006).

Titres suivants de la série : *Outlaw of Gor* (Ballantine, 1967) (tr. *Le Banni de Gor*, A.F. n° 14 [avec le précédent], 1975, G.B. n° 89, 1983, n° 135, 1986, J.L. n° 3229, 1992) , *Priest-Kings of Gor* (Bal., 1968) (tr. *Les Prêtres-Rois de Gor*, A.F. n° 20, 1979, G.B. n° 95, 1983, n° 132, 1986, J.L. n° 3351, 1992) , *Nomads of Gor* (Bal., 1969) (tr. *Les Nomades de Gor*, A.F. n° 20 [avec le précédent], 1979, G.B. n° 99, 1984, J.L. n° 3435, 1992) , *Assassin of Gor* (Bal. 1970) (tr. *Les Assassins de Gor*, A. F., 1981, G.B. n° 104, 1984, J.L. n° 3497, 1984), *Raiders of Gor* (Bal., 1971) (tr. *Les Pirates de Gor*, A. F., 1981, G.B. n° 111, 1985, J.L. n° 3548, 1984), *Captive of Gor*

(Bal., 1972) (tr. *Les Esclaves de Gor,* A. F., 1982, G.B. n° 134, 1986, J.L. n° 4201, 1996), *Hunters of Gor* (Bal., 1974) (tr. *Les Chasseurs de* Gor, A. F., 1983, G.B. n° 142, 1987, J.L. n° 3668, 1995) , *Marauders of Gor* (Bal., 1975) (tr. *Les Maraudeurs de Gor*, A. F., 1983, J.L. n° 3909, 1995) , *Tribesmen of Gor* (Bal., 1976) (tr. *Les Tribus de Gor*, A.F., 1984, J.L. n ° 4026, 1995), *Slave Girl of Gor* (Daw Books, New York, 1977) (tr. *La Captive de Gor*, A. F., 1985, J.L. n° 4500, 1997) , *Beasts of Gor* (Daw, 1978) (tr. *Les Monstres de Gor*, A. F., 1985, J.L. n° 4642, 1997) , *Explorers of Gor* (Daw, 1979) (tr. *Les Explorateurs de Gor*, A. F., 1986) , *Fighting Slave of Gor* (Daw, 1980) (tr. *Le Champion de Gor*, A. F., 1986), *Rogue of Gor* (Daw, 1981) (tr. *Le Forban de Gor*, A.F., 1986), *Guardsman of Gor* (Daw, 1981), *Savages of Gor* (B., 1982), *Blood Brothers of Gor* (Daw, 1982), *Kajira of Gor* (Daw, 1983), *Players of Gor* (Daw, 1984), *Mercenaries of Gor* (B., 1985), *Dancer of Gor* (Daw, 1985), *Renegades of Gor* (Daw, 1986), *Vagabonds of Gor* (B., 1987), *Magicians of Gor* (Daw, 1988), *Witness of Gor* (2002), *Prize of Gor* (2008), *Kur of Gor* (2009), *Swordsmen of Gor* (2010), *Mariner of Gor* (2011), *Conspirators of Gor* (2012).

26/ ROBERT PARRISH : JOURNEY TO THE FAR SIDE OF THE SUN (DOPPELGANGER) (Grande-Bretagne)

1 — Universal/Century 21, 1969 (Scénario : Gerry et Sylvia Anderson, Donald James ; effets spéciaux : Harry Oakes ; photographie : John Read ; musique : Barry Gray ; musique : Barry Gray ; distribution: Ian Hendry, Roy Thinnes, Patrick Wymark, Lynn Loring, Herbert Lom).

Traduction : *Danger : Planète Inconnue.*

27/ NORIAKI YUAKA : GAMERA TAI DAIKUJU GIRON (Japon)

1 — Daiei, 1969. Scénario : Fumi Takahashi; photographie : Akira Kitazaki; distribution: Nobuhiro Najima, Miyuki Akiyama, Christopher Murphy, Yuko Hamada, Eiji Funakoshi, Kon Omura.

Traduction : *Gamera contre Guiron.*

28/ JAIME MINISTRAL MASIÁ : TIERRA-DOS (Espagne)

1 — Editorial Bruguera, Barcelone, Libro Amigo n ° 210, 1972, 1973, 1977.

29/ ROY THOMAS & GIL KANE & autres: THE POWER OF WARLOCK (USA)

1 — Marvel Premiere n ° 1, avril 1972 (*And Men shall call him... Warlock!*) et 2, mai 1972 (*The Hounds of Helios!*); The Power of Warlock n ° 1, août 1972 (*The Day of the Prophet!*), 2, octobre 1972 (*Count-Down for Counter-Earth!*) (dessin : R. Thomas & Mike Friedrich, dessin : John Buscema & Tom Sutton), 3, décembre 1972 (*The Apollo Eclipse!*) (texte: M. Friedrich, dessin: G. Kane), 4, février 1973 (*Come sing a Searing Song of Vengeance!*) ([texte: M. Friedrich, dessin: G. Kane], 5, avril 1973 [*The Day of the Death-Birds!*] [texte : Ron Goulart; dessin : G. Kane], 6, juin 1973 [*The Brute !*] [texte: M. Friedrich & R. Goulart, dessin: Bob Brown], 7, août 1973 [*Doom at the Earth's Core!*] [texte : M. Friedrich, dessin : B. Brown] et 8, octobre 1973 [*Confrontation !*] [texte : M. Friedrich, dessin : B. Brown] ; The Incredible Hulk n ° 176, juin 1974 [*Crisis on Counter-Earth!*] [texte: Gerry Conway, dessin: Herb Trimpe], 177, juillet 1974 [*Peril of the Plural Planet!*] [texte : G. Conway, dessin : H. Trimpe] et 178, août 1974 [*Triumph on Terra-Two!*] [texte : G. Conway & Tony Isabella, dessin : H. Trimpe].
2 — Anthologie des précédents [et d'autres] *Warlock 1*, Essential, Marvel, New York, Marvel Masterworks Library n° 72, 2007.

Traductions [noir et blanc] : *Warlock* [Étranges Aventures n° 35, juillet 1974, *Le Sorcier Démoniaque* ; n ° 36, août 1974, *Les Molosses d'Hélios* ; n° 40, 1er trimestre 1975, *L'Étrange Warlock* ; n ° 42, 2e tr. 1975, *L'Éclipse d'Apollon* ; 3e tr.1975, *Oiseaux de Mort* ; n ° 46, 3e tr. 1975, *Confrontation*] [cases retouchées] ; *Le Pouvoir de... Warlock* [Le Pouvoir de... Warlock n° 1 à 8, novembre 1976 à 1977, Canada].

30/ ROY THOMAS & HERB TRIMPE: FRENZY ON A FAR-AWAY WORLD [USA]

1 — The Incredible Hulk n ° 158, décembre 1972.

31/ LEE H. KATZIN: THE STRANGER [STRANDED IN SPACE] [USA]

1 — NBC-TV/Crosby-Cox, 1973; scénario : Gerald Sanford; photographie : K.C. Smith ; musique : Richard Markowitz ; direction artistique : Paul Sylos ; distribution: Glenn Corbett, Sharon Acker, Lew Ayres, Cameron Mitchell, George Coulouris, Steve Franken, Dean Jagger).

Traduction : *L'Étranger*.

32/ CHRISTIAN GRENIER : AÏO, TERRE INVISIBLE (France)

1 — Éditions Hatier & Editions de l'Amitié, Paris, Jeunesse-Poche n° 30, 1973.

33/ OLOF MÖLLER : STELLARERNAS ANGREP (Suède)

1 — Förlag Regal, Köping, Jaktrymskepp X12 n°1, 1975.

34/ OLOF MÖLLER: HUMANOIDUPPRORET (Suède)

1 — Förlag Regal, Köping, Jaktrymdskepp X12 n ° 2, 1975.

35/ OLOF MÖLLER: GULDMÅNEN (Suède)

1 — Förlag Regal, Köping, Jaktrymdskepp X12 n°3, 1975

36/ J (OHN) T (HOMAS) EDSON : BUNDUKI (Grande-Bretagne)

1 — Corgi Books, Londres, 1975.
2 — Daw Books n ° 201, New York, 1976.

37/ J (OHN) T (HOMAS) EDSON: BUNDUKI AND DAWN (Grande-Bretagne)

1 — Corgi Books, Londres, 1976.

38/ J (OHN) T (HOMAS) EDSON: SACRIFICE FOR THE QUAGGA GOD (Grande-Bretagne)

1 — Corgi Books, Londres, 1976.

39/ OLOF MÖLLER : RYMDVISIONEN (Suède)

1 — Bokförlaget Regal, Köping, Rymdjaktskepp X12 n°6, 1976.

40/ CHRIS BURGER : QUAND ELLES VIENDRONT (France)

1 — Éd. Fleuve Noir, Paris, Anticipation n° 788, 1977.

41/ J (OHN) T (HOMAS) EDSON: FEARLESS MASTER OF THE JUNGLE (Grande-Bretagne)

1 — Corgi Books, Londres, 1980.

42/ ARMAND TOUPET : LES INCONNUS DU CIEL (France)

1 — Hemma Éditions, Hemma Poche n° 1, Chevron, Belgique, 1994.

43/ ARMAND TOUPET : LA PLANÈTE INCONNUE (France)

1 — Hemma Éditions, Hemma Poche n ° 2, Chevron, Belgique, 1994.

L'auteur prie les lecteurs qui auraient relevé des erreurs et des oublis dans cet article de les lui communiquer à l'adresse suivante : erelis_gon@yahoo.fr.

LA VIE DANS LA HAUTE ATMOSPHÈRE SELON LA SCIENCE-FICTION

*L'auteur remercie Piero Giorgi, Ralph Letsch, la
Maison d'Ailleurs,
Patricia Manignal, Christophe Marécaille,
Franz Rottensteiner, Erik Simon et Guy Sirois
pour l'aide, les informations et les documents fournis.*

LA VIE DANS LA HAUTE ATMOSPHÈRE SELON LA SCIENCE-FICTION

LES PRÉCURSEURS

Il est dans la SF des thèmes en théorie tombés en désuétude par suite des avancées scientifiques et techniques ou tout simplement de l'exploration par l'humanité de son domaine terrestre. Ainsi n'est-il plus guère crédible de situer en Afrique, en Amérique du Sud, en Asie centrale ou même en Antarctique une civilisation perdue. C'est pareil pour le mythe de la vie atmosphérique, dans la stratosphère ou plus haut, même si subsiste le complexe de transgression qui semble lié à l'immanence céleste.

L'Édit de Milan (313) laissait chacun libre d'*« adorer la divinité qui se trouve dans le ciel »*. En tant que pontifex maximus (grand pontife), Constantin (306-37) continua à célébrer le culte du Sol Invictus (Soleil Invaincu), divinité suprême de son empire, tout en favorisant les chrétiens. En latin archaïque, « divum » signifie à la fois « ciel » et « dieu », comme « dyaus » en sanskrit védique. Jupiter équivaut au Zeus Pater (Zeus Père) des Grecs et au Dyaus Pitar (Ciel Père) des anciens Indous aryens.

La racine indo-européenne « di » ou « div » véhicule la notion de lumière céleste et le latin conserva « dies » (jour). Le Ciel fut longtemps interdit aux mortels, du moins ceux non invités. Icare l'éprouva. Le mythe de la Tour de Babel illustre la prétention impie à s'y hausser. Toutefois, Zeus était souvent honoré au sommet de l'Olympe et d'autres montagnes de l'Hellade et les ziggourats babyloniennes étaient bâties pour faciliter l'ascension des fumées des sacrifices vers les c(d) ieux.

Héritier à la fois du judaïsme, de ses racines et de la culture gréco-latine, le christianisme reprit cette conception du ciel, y logeant Jéhovah et les anges à côté des planètes et des étoiles. Ainsi la sacralité de l'altitude et des phénomènes qui s'y produisent (comme la foudre de Zeus et de ses équivalents) se perpétua-t-elle dans l'inconscient collectif occidental au moins jusqu'à la Renaissance et peut-être au XXe siècle. Les invasions extra-terrestres en sont-elles le prolongement dans la SF ?

L'Église garda aussi l'Hadès souterrain dévolu aux damnés, mais l'attribua aux démons, devenus anges déchus alors que les Hellènes y voyaient des divinités inférieures, génies ou esprits, vestiges d'animisme primitif. Et pour des théologiens du Bas Empire, tel Athanase d'Alexandrie (295-373), ils hantaient aussi les airs pour empêcher les âmes de s'élever jusqu'au paradis. Au point d'en faire un enfer céleste ? Des lambeaux de ces croyances ont peut-être franchi l'époque des Lumières.

En France, le premier vol en montgolfière de Pilâtre de Rozier et François Laurent d'Arlandes en 1783 aurait dû balayer cette mythologie. Toutefois, lorsque Jacques Alexandre César Charles atterrit la même année à Écouen à bord d'un ballon gonflé à l'hydrogène, les habitants le déchirèrent, pensant que le ciel leur tombait sur la tête. C'était aussi, paraît-il, la seule terreur des braves Gaulois. Plus tard, l'Église avait inventé le dogme que les étoiles étaient accrochées à une des sphères célestes...

Pourtant, de même que le développement de l'astronomie suscita les premiers récits de voyages astraux depuis l'antiquité, l'aérostation primitive commença à enflammer les imaginations sur l'habitabilité de l'océan atmosphérique qu'elle rendait accessible. La crainte irrationnelle du ciel ne fit que se rationaliser. Pourquoi, à l'instar des étendues aquatiques, n'aurait-il pas été peuplé de présences inconnues, plutôt que divines, angéliques ou démoniaques, mais y ressemblant plus ou moins ?

Sous réserve de précédents à redécouvrir, c'est assez tard que la SF adopta et adapta cette idée qui peut paraître bizarre même à une époque d'aviation en expansion. L'initiateur en fut Paul Scheerbart (1863-1915), pacifiste, littérateur et précurseur allemand du surréalisme, mais aussi producteur d'une SF fantaisiste et poétique comptant plusieurs romans et d'innombrables nouvelles. Celle qui nous intéresse, *Die Luftquallen* (*Les Méduses Aériennes*) ne date en effet que de 1910.

Quoique celle-ci soit contemporaine des premiers triomphes du plus lourd que l'air — Louis Blériot avait franchi la Manche en 1909 —, c'est d'une ascension en aérostat qu'il s'agit. L'auteur ne cultiva jamais la SF hypertechnologique. Un Américain engloutit le produit d'un petit héritage dans la construction d'un ballon doté d'un moteur à hélice pour s'élever le plus possible et découvrir de nouveaux êtres vivants. Arrivé à environ 10 000 mètres, il n'est pas déçu :

« Figurez-vous,... /... des méduses marines presque transparentes, larges de 10 mètres, un peu bleutées, un peu vert — clair, comme les aigues-marines. Mais très claires. Presque transparentes. Ces méduses géantes avaient quatre yeux qui s'agrandirent à la façon de longues-vues dès qu'elles me virent. Les longues-vues s'allongèrent de vingt bons mètres. Mais la chose la plus fantastique, je la remarquai sous leur corps : quelque chose s'y courbait en se séparant de quelque chose d'autre. C'était une hélice à quatre pales poussant naturellement. Cette hélice naturelle se mit en mouvement et propulsa l'animal à une vitesse folle. Alors, rapidement, s'approchèrent d'autres méduses, encore plus grandes et aussi plus petites, et toutes les méduses avaient des hélices à moteurs naturels. Elles pouvaient transformer leur corps en boule. Les pales de l'hélice avaient l'air en ivoire ; elles n'étaient pas plus grandes que le corps et en se contractant pouvaient entrer dans celui-ci, au point de devenir pratiquement invisibles. Ces êtres monstrueux, dont nombre étaient bien plus grands que mon ballon me fixaient avec une grande curiosité de leurs longs yeux télescopiques et brillants, au comble d'un vert émeraude intense. »

Par suite d'un faux mouvement, le narrateur se retrouve au fond de la nacelle. Lorsqu'il se relève, les méduses ont disparu. À son retour au sol, nul ne le croit et, ses créanciers ayant saisi son ballon, il est réduit à lancer un appel à qui voudra financer une nouvelle ascension. Comme souvent chez un précurseur, cette courte nouvelle aborde le thème assez succinctement, mais renferme l'essentiel. Si elle exprime une transgression, c'est de façon essentiellement humoristique.

Le pionnier suivant du thème est le Britannique William Adino Page, critique théâtral et auteur bien oublié. *The Air Serpent* (*Le Serpent Aérien*, 1911) est peut-être sa seule incursion dans la SF, mais avant tout un pur récit de terreur empreint de la conquête des airs par les aéroplanes qui battait alors son plein. Il se présente comme un rapport adressé à une société savante par le rescapé d'une rencontre fatale à 36 000 pieds. Ainsi décrit-il l'animal qui agresse son triplan :

« Le monstre — ou serpent aérien, car ainsi dois-je l'appeler — semblait long d'environ quatre-vingt-dix ou cent pieds. Sa conformation physique évoquait le croisement entre une chauve-souris et un serpent. Il y avait des mouvements ondulants pendant qu'il flottait lentement, de concert avec le battement des vingt ou trente ailes de chauve-souris accrochées à ses flancs. La tête était énorme et ce n'était pas celle d'un oiseau. Deux grands yeux, chacun approximativement d'un pied de diamètre, clignaient et regardaient méchamment, surmontant une gueule caverneuse qui s'ouvrait et se refermait spasmodiquement au rythme de la respiration de la créature... »

L'animal poursuit l'avion et gobe le coéquipier du narrateur dont le rapport se clôt sur une mise en garde aux futurs aviateurs contre les étranges et dangereuses créatures des couches supérieures de l'atmosphère. Transgression, avertissement et punition. Un peu plus longue que celle de P. Scheerbart, la nouvelle de W.A. Page n'est pourtant guère plus développée. Tous deux estimaient que le concept ne méritait pas davantage de réflexion, ce que leurs successeurs démentiront.

LES POPULARISATEURS

Le titre de fondateur du thème reviendrait plutôt au Français Maurice Renard (1875-1939), prolifique écrivain, auteur de sept romans et de nombreuses nouvelles de SF et de Fantastique. *Le Péril Bleu* (1911) n'est pas seulement bien plus élaboré. Le concept y est envisagé de façon toute différente et plus complexe. La transgression n'est pas humaine : la vie en haute atmosphère prend l'initiative du contact et sa description est assez détaillée quoiqu'elle procède surtout de déductions.

Le roman débute au centre de la France. Les sarvants, sortes de croquemitaines du folklore local, sont accusés de vols bizarres : une moitié de bicyclette, une girouette, une cime d'arbre, qui semblent avoir été emportées par la voie des airs ; des oiseaux s'élèvent sans battre des ailes et des poissons s'envolent d'une rivière. Tout se passe comme si un dirigeable invisible, pourtant décelable par son ombre et son bourdonnement, effectuait des prélèvements. Puis des humains disparaissent.

La première partie de ce roman éminemment satirique est contée sur un ton tragi-comique. La seconde est plutôt sinistre et s'ouvre sur la découverte par un astronome à cinquante kilomètres d'altitude d'un objet fixe qui gêne ses observations : une tache noire et carrée qu'aérostats et aéroplanes — dont un qui s'écrase — tentent en vain d'atteindre. Il en tombe du sang et des débris végétaux, animaux et humains minutieusement disséqués. S'agirait-il de déchets de laboratoire ?

Un cahier est trouvé sur un cadavre. Son auteur raconte comment il a été emporté dans une sorte de cloche à plongeur invisible vers la tache noire où les sarvants ont reconstitué un milieu terrestre avec tout ce qu'ils ont arraché au sol, un vivarium dont ils étudient les occupants répartis sur plusieurs étages. Le narrateur se retrouve ainsi dans un cube transparent, comme d'autres humains et des animaux. Lui aussi réfléchit sur ses ravisseurs inconnus et leur habitat :

« Ce n'est pas une île, ce sol invisible qui nous supporte. Ce n'est pas une île de la mer atmosphérique. Car alors ce serait une île flottante, une sorte de bouée errante. Or, cela est fixe. Donc, il faut que nous soyons sur un continent invisible qui enveloppe toute la Terre, en laissant passer la lumière et la chaleur du soleil – un continent d'une seule pièce, comme une mince sphère creuse englobant la Terre et son atmosphère contre laquelle il repose – un continent d'une seule pièce, mais déchiqueté sans doute, percé d'ouvertures où, malgré les lois de la science humaine, la mer atmosphérique de 50 kilomètres de profondeur se trouve en contact libre et direct avec le vide aéré, avec l'éther imparfait de la deuxième atmosphère.

Oui, ce ne peut être qu'un monde concentrique à la Terre, une espèce de continent radeau sphérique, une mince pellicule à la surface de l'Air, comme l'écorce terrestre n'est, selon certains, qu'une mince pellicule à la surface du feu intérieur. C'est un globe léger, qui entoure la planète ; la pesanteur, agissant sur tous ses points à la fois, la maintient à égale distance de la Terre, et la force centrifuge dégagée par la rotation terrestre vient doubler cet effet par une action en sens contraire. Chaque molécule du continent invisible est sollicitée par deux forces opposées qui tendent chacune à l'immobiliser par rapport au centre de la Terre. Ainsi le monde invisible est comme rivé au monde visible.

Monde invisible ! ainsi que les planètes que la science a pressenties ! et, comme elles, habité par un peuple invisible ! Monde très léger, sûrement, et d'autant plus léger qu'il est loin de la Terre... Ici, les choses doivent se trouver dans l'air dans le même dans le même rapport que les choses d'en bas sont avec l'eau. Cette région est une Terre à qui le vide sert d'atmosphère, pour ainsi dire, et où l'air joue le rôle de l'eau... La mer aérienne vient baigner ses côtes... »

« Car nous sommes pêchés ! — Pêchés ! – Puis on nous parque dans ces récipients, dans ces cuves (qui doivent être transparentes même pour les sarvants), sous les yeux d'un public indiscret, en ce palais, en ce musée monumental, au milieu sans doute d'une grande ville au bord de la mer !

Et nous n'avons jamais rien deviné ! Trompés par l'invisibilité de cet univers qui ne gênait en rien la vision télescopique — que les bolides tombant sur la Terre traversaient comme une balle Lebel traverse une écorce de liège, et que les étoiles filantes laissaient loin sous elles — nous n'avons pas deviné qu'au-dessus de nous siégeait un monde plus vaste que le nôtre... »

Le narrateur, un scientifique, note que les sarvants apparient leurs sujets en vue d'étudier leur sexualité (ils prennent un curé pour une femme !), les soumettent à des variations de pression atmosphérique, à l'inhalation de gaz divers, à des séances de vivisection et ainsi de suite ; certains sont empaillés ; le tout dans l'invisibilité complète des opérateurs. Il assiste à l'évacuation des restes vers le sol. Enfin, il trouve le moyen de se suicider pour que son carnet soit retrouvé sur son cadavre.

Entre temps, un vaisseau invisible s'écrase sur Paris. Les savants découvrent qu'il était mû par la force musculaire de sortes de crapauds géants et que les sarvants sont des araignées grosses comme un œuf de poule aptes à se connecter nerveusement en entités collectives, tous tués par la pression de l'air au niveau du sol. Un inventeur suédois met au point une peinture qui rend visibles le véhicule et ses occupants, mais dissout tout en quelques heures, si bien que l'humanité n'en apprendra guère plus.

La France s'émeut de l'affaire. Faut-il bombarder le continent aérien, au risque d'en recevoir les morceaux, ou le coloniser pour en exploiter les richesses et en asservir les habitants, comme le proposent des ministres ? Heureusement, dit le Président de la République, *« Les sarvants ne professent pour nous qu'une simple curiosité scientifique. »* Après tout, ils n'agissent guère différemment des savants humains étudiant les fonds marins avec un bathyscaphe, suggère l'auteur.

D'ailleurs la tache noire disparaît du ciel, les fragments terrestres qui la rendaient visible en ayant été largués. Enfin, des captifs animaux et humains sont retrouvés en piteux état, mais vivants sur une île fluviale. Au terme de leurs examens, les sarvants semblent avoir compris les souffrances qu'ils causaient et en ont eu pitié. Ce ne sont pas des envahisseurs et ils valent peut-être mieux que l'humanité qui ne tardera pas à s'en désintéresser, une fois rassurée sur son sort.

« Mais l'homme tenancier de la Terre n'était même pas à détrôner : jamais il n'avait régné ! Il s'était cru le maître, alors qu'un autre, industrieux, génial et saugrenu lui restait supérieur, au point de le pêcher ! » conclut l'auteur, incitant malicieusement

l'humanité à plus de modestie. Son modèle, H.G. Wells, lui avait montré la voie, bien que de façon plus spectaculaire. Le style et les références de M. Renard ont sans doute vieilli, mais son message demeure pertinent.

Notons enfin combien il préfigure l'États-Unien Charles Fort (1874-1930), compilateur de faits bizarres. Dans *The Book of the Damned* (tr. *Le Livre des Damnés*, 1919), il déduit que l'humanité est la propriété ou la proie d'entités supérieures (en intelligence et/ou en altitude) qui draguent la surface de la Terre. Il a pu lire les deux adaptations très libres du *Péril Bleu* par le Britannique John Nathan Raphael (1868-1917) sous le titre *Up Above* (*En Haut*, 1912, 1913), signées de son propre nom.

Très peu de mois après le roman de M. Renard, son compatriote Pierre Désirieux, obscur auteur de trois autres nouvelles, publiait *Le Génie aux Ailes de Cendre* (1912), relativement proche de *The Air Serpent*. Six aviateurs se sont écrasés en tentant de dépasser la mirifique altitude de 600 mètres et des survivants ont déclaré sur leur lit de mort avoir vu une sorte de génie aérien. Le narrateur, incrédule, s'envole et rencontre une nuée qui laisse la place à une figure humaine :

« À demi renversé, dans la position d'un noyé suivant le fil de l'eau, le corps d'un jeune homme flottait devant mon appareil. Ce corps était transparent ; ses mains se crispaient sur le cœur, en un geste d'indicible douleur, tandis que de sa bouche sortait, en un souffle, un mot que je crus être : Père ! Père ! Cet être était d'une beauté radieuse, mais d'une taille au moins quadruple de la mienne. »

« ... Le royaume de l'air possède-t-il des habitants autochtones comme la terre et l'océan ? Ces questions se posaient à mon esprit en délire, lorsque surgit au-dessus de moi une apparition formidable : un être d'une grandeur prodigieuse semblait accourir de l'infini. Son visage était celui d'un vieillard. Une longue tunique flottait derrière lui dans l'espace. Alors je vis qu'il se soutenait sur deux immenses ailes grises, presque invisibles, couleur de cendre. Une voix sans timbre, mais qui résonna terriblement à mes oreilles, cria : – Mon fils, mon dernier enfant ! »

Là-dessus fonce à la rescousse l'avion d'une consœur aviatrice à la proue munie d'une épée qui éperonne le géant. Seul le narrateur survit. Cette curieuse nouvelle, hélas fort brève et sibylline, est frappante, mais guère convaincante. Les célestes habitants font irrésistiblement penser aux Olympiens ou aux anges. L'intérêt de cette vignette est qu'elle relie la modernité aux anciens interdits et à leur transgression. Mais elle est insatisfaisante, l'auteur n'ayant pas vu tout l'intérêt à la développer.

Comme dans *Le Péril Bleu*, il est question d'un carnet trouvé dans un champ avec le cadavre du transgresseur dans *The Horror of the Heights* (tr. *L'Horreur des Altitudes* ou *L'Horreur en Plein Ciel*, 1913). Toutefois, dans cette nouvelle, le Britannique Arthur Conan Doyle (1859-1930) s'inspire davantage de *The Air Serpent*. Il est vrai que ce genre d'emprunts était déjà devenu une habitude aussi bien pour ses récits policiers que de SF et d'aventures, domaines où il excella.

Un aviateur briseur de records, suite aux disparitions croissantes chez ses collègues, soupçonne l'existence à haute altitude de jungles aériennes dangereuses.

Monté à 41 300 pieds, il pénètre dans une zone où l'atmosphère change de consistance : une sorte d'écume grasse en suspension se dépose sur lui et son avion, rappelant le plancton marin. Mais quels êtres s'en nourrissent ? Bien vite, ceux-ci se manifestent, gélatineux, diaphanes et colorés.

Comme chez P. Scheerbart, c'est d'abord une méduse, beaucoup plus grande que la cathédrale Saint-Paul, et d'autres plus petites ; puis des serpents animés de torsions et de rotations ; enfin un amas mouvant de vapeur pourpre pourvu d'un bec et de trois sacs de sustentation emplis de gaz. Les tentacules du monstre saisissent le monoplan. L'aviateur le blesse avec son fusil. Sur le sol, il rédige sa relation où il annonce son intention de remonter pour ramener des preuves de sa découverte.

Les lignes finales, hâtivement griffonnées en vol, trahissent sa terreur devant la mort imminente, ce qui classe cette nouvelle dans la littérature d'horreur. A.C. Doyle est plus précis que son compatriote W.A.Page dans ses descriptions et esquisse le concept d'une faune atmosphérique variée, pas seulement avec ses prédateurs. Mieux écrite et plus percutante, sa nouvelle mérite mieux de passer à la postérité. Comme tous ses prédécesseurs, il assimile l'atmosphère à un océan aérien.

LES DÉVELOPPEMENTS

Le thème est passager dans *La Rivolta del 2023* (*La Révolte de l'An 2023*, 1924) de Nino Salvaneschi (1886-1968), journaliste et écrivain italien, chantre du christianisme. Son second roman de SF raconte la tentative avortée des noirs pour se libérer des blancs et des jaunes en les opposant. Dans ce but, leur chef retient dans son île artificielle des savants des deux races dont il exploite les inventions. Il en emmène quelques-uns dans un avion révolutionnaire aux limites de l'atmosphère.

Par les hublots, les captifs voient « *passer à toute vitesse, légèrement lumineuse, comme de petites étincelles échappées à un lointain incendie, presque invisible, des êtres gélatineux mi-poissons mi-oiseaux... »* Et à mesure que s'élève l'avion, ces méduses aériennes se multiplient en troupeaux pour se raréfier et devenir plus primitives à l'orée du vide sidéral. Si l'auteur s'inspire d'A.C. Doyle, c'est surtout à des visées lyriques et esthétiques. Ses réflexions sont politiques et historiques.

Avec l'émigration du thème aux USA, le thème mute. À une exception près, plutôt que victimes, ses protagonistes sont triomphants. Dans plus d'un cas, ils se présentent en explorateurs et en conquérants. Et même s'en servent. C'est un changement d'optique qui traduit l'esprit pionnier et entreprenant des contemporains. Atténuation du complexe de transgression divine ? Les onze nouvelles et courts romans recensés dans les « pulps » prouvent que l'idée avait acquis une relative popularité.

La première de ces contributions est *The Terrors of the Upper Air* (*Les Terreurs de la Haute Atmosphère*, 1928). Frank Orndorff, un de ses plus obscurs représentants, s'inspire visiblement d'A.C. Doyle, mais introduit le concept d'île aérienne. À 60 000 pieds d'altitude, deux aviateurs en découvrent plusieurs, dotées d'une faune et une flore particulières et composées d'une substance végétale presque transparente criblée de bulles de gaz leur permettant de flotter.

Cette nouvelle un peu morne est la transcription de leurs observations par radio. Ils assistent d'abord au combat d'une pieuvre dotée de ballons sustentateurs avec une sorte d'alligator ailé. Plusieurs de ces bêtes endommagent leur aéroplane qui s'écrase sur une île aérienne. Ils tentent de s'en échapper en parachutes, mais les débris mécaniques et humains qui tombent au sol révèlent leur sort. À moins qu'il s'agisse d'une supercherie, suggère à mi-mot l'auteur...

Dans *The Second Shell* (*La Deuxième Coque*, 1929), son compatriote Jack Williamson (1908-2006), s'inspire de M. Renard. « *Quand on quitte la surface de la Terre, l'air se raréfie parce que la pression est moindre. Mais l'espace interplanétaire est presque au zéro absolu, où l'agitation moléculaire cesse. Il s'ensuit que l'agitation moléculaire ne suffit pas du tout hors de l'atmosphère à la garder à l'état gazeux. Le haut de l'air est littéralement gelé en une couche solide ! »* écrit-il.

Ainsi s'explique que la couche de Heaviside réfléchisse les ondes hertziennes, du moins de certaines longueurs. C'est la base d'avions-lanceurs de bombes à gaz antigravitationnel. Leur concepteur, un savant dévoyé, s'empare des stocks de thorium de la planète pour alimenter sa technologie et conquérir la surface de la Terre. Il enlève jusqu'à une cité céleste circulaire en métal rouge trois prisonniers. L'un d'eux la détruit avec l'énergie atomique et tous regagnent le sol.

Hélas, ce récit de jeunesse s'arrête au moment le plus palpitant, ce qui est étonnant de la part d'un auteur connu plus tard pour son audace et ses développements exotiques. La description de la cité céleste et de ses environs est bâclée ; ses habitants tentaculaires sont de mornes figurants ; leur relation avec le savant mégalomane et sa bande de réprouvés est obscure. Dans le dénouement, J. Williamson suggère que le danger subsiste là-haut. Mais il n'a pas jugé le thème digne d'être exploité.

Aucune retenue chez Sterner St. Paul Meek (1894-1972), auteur très prolifique et populaire en son temps, qui signa Captain S.P. Meek et assuma les hypothèses les plus échevelées. Pour la science, la couche de Heaviside s'étend de 80 kilomètres jusqu'au vide et réfléchit les ondes hertziennes en raison de sa conductivité électrique. Dans *Beyond the Heaviside Layer* (*Par-delà la Couche de Heaviside*, 1930), elle se compose d'un liquide organique visqueux emprisonnant l'atmosphère !

Sa densité est telle que le premier astronef qui s'y enfonce se fige avant de retomber. Le suivant réussit à la franchir par une trouée faite grâce à une émission infrarouge. Ses deux occupants affrontent alors la faune vivant au-dessus : un dragon vert, hybride d'oiseau et de lézard, et une amibe géante aux quatre yeux féroces qui tente de phagocyter l'appareil. Le premier succombe aux mitrailleuses et la seconde au rayon de la mort obtenu en bricolant un des propulseurs.

Dans l'épilogue, une flotte élimine des centaines d'amibes pour leur ôter l'envie de ravager l'atmosphère ; puis la trouée pratiquée dans la couche de Heaviside se régénère et cicatrise. Sans crainte du ridicule, l'auteur précise que sa résistance à un intrus augmente en raison du carré de la distance à laquelle il y pénètre ! Comment est-elle alors perméable aux météorites ? Imaginative, mais mal écrite et idiote, cette nouvelle était à verser au bêtisier du thème dès sa rédaction.

Il en existe une suite, *The Attack from Space* (*L'Attaque de l'Espace*, 1930), où des scarabées géants de Mercure passent par la trouée en quête d'esclaves humains. Comme dans *Le Péril Bleu*, ils utilisent des véhicules invisibles. Mais des captifs courageux s'emparent d'un de leurs engins et dissuadent les propriétaires de continuer. L'intérêt de ce médiocre récit est que la couche de Heaviside y est moins un obstacle à l'exploration de l'espace sidéral qu'une protection contre les dangers qu'il recèle.

Il est encore question de la couche de Heaviside dans *Beings of the Boundless Blue* (*Les Êtres de l'Azur Illimité*, 1931) de Walter Kateley (1881-1967), auteur actif dans le genre de 1928 à 1934. Victime d'une expérience de physique distendant l'espace entre les composants de l'atome, un savant devient un géant ultraléger qui flotte dans l'atmosphère. Après avoir perdu connaissance, il se retrouve sur Zenyon, strate aérienne invisible à l'humanité, car sa matière est organisée comme la sienne.

D'apparence humaine, ses habitants possèdent une civilisation supérieure. Les ondes radio de la Terre les gênent, car leur ouïe les capte directement. Ils ont donc isolé leur continent. Depuis lors, la couche de Heaviside les réfléchit. Ils utilisent les vents pour se déplacer et leur impriment la vitesse qu'ils veulent lorsqu'ils sont pressés, causant des tempêtes et des ouragans. Ils organisent même des courses sportives sans s'apercevoir de leurs effets catastrophiques pour l'humanité.

Le visiteur traduit à ses hôtes le contenu d'émissions de radio et leur explique la vie sous-aérienne. Embarrassés, ils cessent ces pratiques meurtrières et le renvoient chez lui après l'avoir rendu à sa nature primitive. Comme *Le Péril Bleu,* cette nouvelle exploite l'inconscience d'une espèce supérieure envers une inférieure, puis ses regrets. Mais l'auteur s'intéresse plus à la physique atomique et aux longueurs d'ondes qu'à l'aspect moral du thème, ce qui rend son traitement superficiel.

Piètre contributeur des « pulps », Henry J. Kostkos (1900-77) n'innove guère par rapport à ses prédécesseurs avec *The Meteor Men of Plaa* (*Les Hommes-Météores de Plaa,* 1933). Cela débute par la chute d'êtres insectoïdes dotés de pinces. Soupçonnant l'existence d'une lune inconnue, deux explorateurs s'envolent. Ils émergent d'une couche nuageuse à consistance caoutchouteuse et spongieuse apte à soutenir leur astronef, mais percée de trous susceptibles de les renvoyer sur la Terre.

Ils sont accueillis par les sympathiques habitants d'une cité dont la technologie est basée sur la chimie des gaz de leur habitat : leurs laboratoires les transforment en nourriture, matériaux de construction, armes, etc. Comme ils sont menacés par un tyran, les Terriens sortent leur arsenal lors d'une bataille pour la démocratie. Y sont utilisées des cordes gazeuses qui, en se resserrant, découpent leurs victimes et des vapeurs rouges qui désintègrent le métal de leurs mitraillettes électriques.

Si le tyran est tué, l'issue de la bataille est si douteuse qu'ils regagnent leur astronef et en pointent les tuyères vers l'ennemi. Ils comprennent alors pourquoi les Plaaiens n'utilisent jamais le feu : leur habitat brûle comme de l'amadou. Laissant à leur alliés le soin de l'éteindre, les Terriens repartent chez eux. L'auteur n'a pas pensé que, dès sa formation, les météorites auraient enflammé cette couche par simple frottement, ce qui révèle la superficialité de cette nouvelle par ailleurs infantile.

Dans *Land of the Lost* (*Le Pays des Égarés*, 1934) Charles Willard Diffin (1884-1966), confrère des précédents, semble avoir lu Charles Fort. Ce court roman s'ouvre sur la disparition d'une partie de Central Park et des visiteurs présents : seul subsiste un vaste trou. Plus tard, un nouveau pont reliant Manhattan à New York s'écroule sous l'action d'une force invisible. Mais un message signé Portero, un des disparus opposants au projet, avait prévenu les constructeurs.

La même force invisible soulève Blaine, le héros du récit, jusqu'à une région baignée d'une éternelle lumière dorée aux paysages d'un noir vitreux et aux montagnes cristallines. Il y affronte Portero, qui a trouvé le moyen d'utiliser les propriétés de sa matière contre la Terre. Avec d'autres disparus, il échappe à ses séides et à une faune reptilienne. Ils arrivent dans une tribu de sympathiques humanoïdes, puis chez un peuple hyper civilisé. Là leur est expliquée l'origine de cette supra-Terre :

« Voici cette Terre : une coquille extérieure surmontant et entourant le monde entier. Est-ce que quelqu'un est au courant sur la Terre ? Non ! Et tout l'espace est rempli de cette énergie rayonnante. Est-ce qu'on le sait ? Non ! Tout ce que nous en recevons sur notre Terre, c'est une infime quantité qui filtre à travers cette coquille extérieure : une simple trace d'énergie cosmique...

Représentez-vous la Terre telle qu'elle était jadis : une masse de gaz tourbillonnant. Cette énergie rayonnante s'abat dessus. Elle change tout ce qu'elle touche en néo-matière : une nouvelle forme de matière. Tant qu'elle pénètre ce gaz, elle le change en néo-matière et en forme cette coquille extérieure. À l'intérieur, la Terre se refroidit et se contracte ; elle se condense en en matière terrestre, le genre de matériau qui nous est familier, parce que cette coquille filtre les rayons. Et la néo-matière est invisible : nous n'avons jamais su qu'elle était là... »

Ces gens maîtrisent l'énergie rayonnante et détiennent des pouvoirs mentaux qui leur permettent de se déplacer instantanément. Dans leur société organisée hiérarchiquement, les Terriens sont assimilés à la classe laborieuse. Blaine leur fausse compagnie avec ses amis et, grâce aux connaissances acquises, se débarrasse de Portero avant que sa mégalomanie ait fait trop de dégâts. De retour à New York en partie dévasté, il ne désespère pas de tisser des liens amicaux avec le continent aérien.

Insuffisamment développé, *Land of the Lost* est un piètre et banal roman qui, y compris avec ses ptérodactyles, aurait pu se passer dans des contrées perdues. Un produit typique d'un temps où il en existait encore, mais où se répandait la mode de les placer plutôt sous la Terre ou au-delà. Déplorons que l'auteur n'ait rien imaginé de plus exotique. Il est pourtant un des premiers à proposer une explication à la genèse du continent aérien, guère convaincante, mais amusante. C'est un de ses rares mérites.

La supercherie est le parti-pris de J. Williamson, à un stade plus sophistiqué de sa carrière, pour sa seconde incursion dans le thème, *Death's Cold Daughter* (*La Froide Fille de la Mort*, 1936). Cette nouvelle date en effet d'une brève période où l'auteur visait le marché des magazines policiers. Elle débute par des éléments classiques de SF et s'achève sur leur démenti total au profit d'une réalité prosaïque. Cependant, même dévitalisée, elle demeure thématiquement intéressante.

Un inventeur prétend avoir découvert au-dessus de la stratosphère une strate où flottent des îles en cristal de gaz gelés habitées par des créatures nébuleuses. Elles adorent dans leur temple une femme qui a été transformée pour résister aux basses températures. Le narrateur l'a enlevée, mais, lorsqu'il veut la présenter à ses auditeurs, elle s'est enfuie de l'avion. Ils commencent alors à mourir, réduits à l'état de statues de glace. Les non-humains les ont-ils tués pour récupérer leur déesse ?

Non, car il s'agit d'une actrice payée pour jouer ce rôle et la découverte d'un réservoir d'oxygène liquide explique l'état des victimes. Le mobile de la machination était bassement financier. Malheureusement, l'auteur, novice en littérature policière, ne se montre guère convaincant. En tant que récit de SF, sa nouvelle est tout aussi faible. Il y avait pourtant là des éléments intéressants qu'il aurait certainement développés s'il ne s'était pas senti obligé de les sacrifier à une récupération malhabile.

C'est plutôt *Le Péril Bleu* (publié en allemand en 1922) qui dut inspirer *Der Flug ins Nichts* (*Le Vol dans le Néant*, 1936) à l'Autrichien naturalisé Suisse Gustav Renker (1889-1967), journaliste et auteur de plusieurs romans de SF. Dans cette nouvelle, un aérostat heurte un obstacle à 25 323 mètres d'altitude et est traîné le long d'un invisible plafond. Celui-ci s'y enfonce pourtant et émerge 114 mètres plus haut, posé à la surface d'une strate cristalline entre la stratosphère et le vide.

Les deux aérostiers attendent la mort dans leurs scaphandres, mais trouvent autour de la nacelle des conditions de température et de pression convenables. Au-dessus d'eux se distinguent le firmament et sous leurs pieds le globe. Ils sortent et l'un d'eux sent sur son casque le poids d'une main. Des êtres invisibles les entourent, aussi différents d'eux que les poissons. La surface terrestre est le fond d'un océan pour leurs sauveteurs tant leur nature est physiquement et spirituellement supérieure.

Ils leur disent par télépathie avoir halé le ballon par un trou de la strate translucide et créé autour une sorte d'aquarium, un jeu pour ces maîtres de la matière. Sans forme fixe, ils vivent de pure lumière. Ils ont déjà visité les humains, mais toujours brièvement, car — allusion aux médiums ? — seules peuvent communiquer avec eux les âmes très sensibles. Sont-ce des esprits ou des anges ? S'ils leur veulent du bien, ils s'avouent incapables de supporter longtemps le voisinage des visiteurs.

Indignes du monde supérieur, ceux-ci n'en apprennent pas davantage. Ils sont renvoyés et se réveillent dans leur nacelle peu avant l'atterrissage. Ils expliquent qu'ils ont perdu connaissance, mais pas pourquoi leur ballon s'est stabilisé deux heures à 25 437 mètres. Si l'auteur demeure sibyllin quant aux êtres de lumière, leur milieu évoque sinon le paradis, du moins d'au-delà. D'inspiration mystique ou occultiste, sa nouvelle est bien mieux écrite que toute la production états-unienne contemporaine.

H. J. Kostkos signe un texte encore pire que *The Meteor Men of Plaa* avec *Death in the Stratosphere* (*Mort dans la Stratosphère*, 1937), seconde contribution au thème, moins explicite que la précédente. Ici aussi, un danger inconnu menace la navigation aérienne dans un proche futur. Seul en revient en pilotage automatique un avion plein d'une substance protoplasmique qui a phagocyté ses occupants. Mais ici les nuisibles proviennent d'un satellite inconnu et invisible (!?) de la Terre.

Envoyé enquêter par une compagnie aérienne sur les créatures qui écument son domaine, un avion expérimental est attaqué par un énorme serpent volant qui y introduit ses tentacules en brisant un hublot avant de le déposer sur le satellite. Il s'agit de reptiles primitifs dont l'équipage anéantit l'espèce avec des gaz enflammés. Inspirée de façon gênante par celle d'A.C. Doyle, cette nouvelle ne s'en distingue que par sa platitude extrême et par l'idée pas très originale d'une lune inconnue.

Adrift in the Stratosphere (*À la Dérive dans la Stratosphère*, 1937) est un des quatre romans d'A(rchibald) M(ontgomery) Low (1888-1956), inventeur, vulgarisateur et président de la Société Interplanétaire Britannique. La première moitié concerne trois camarades qui ont « emprunté » un astronef trouvé en chemin et échappent aux rayons des Martiens qui les accusent du vol de leur technologie. Cependant, ils sont attaqués par un monstre stratosphérique long de près d'un mile et lui tirent dessus.

Dans le reste du roman, le trio visite une première île stratosphérique où le temps s'écoule plus lentement et où les humains vivent trois siècles. Dans une autre, les Acrons ont renoncé à la civilisation telle que la conçoivent les Occidentaux, mais ont conservé dans leur Montagne aux Mystères le témoignage de leur technologie. Ils montrent aux visiteurs des photos de la construction des pyramides égyptiennes et, grâce à la télévision spatiale, des images de la vie sur Vénus.

Adrift in the Stratosphere est un de ces romans destinés à la jeunesse, avec tous les défauts inhérents à ceux où les lecteurs sont considérés comme des sous-humains : naïf, décousu, superficiel. De plus, de la part d'un scientifique, l'explication de la présence d'îles dans l'atmosphère apparaît particulièrement discutable : elles se meuvent « *selon des lois naturelles bien définies.* » Si discutable scientifiquement soit-il, le thème mérite une justification plus imaginative.

The Thought-Feeders (*Les Mangeurs de Pensées*, 1941) est un apport tardif au thème de Russ(ell) R(obert) Winterbotham (1904-71), tâcheron de la SF états-unienne d'avant et d'après-guerre. Ici aussi, un avion expérimental est entouré d'un nuage verdâtre qui enlève les deux pilotes. Par télépathie, il se révèle à eux comme membre d'une race de philosophes se nourrissant des pensées humaines et capables de matérialiser les leurs. Habitant la stratosphère sous cette forme, ils peuvent en changer.

L'entité prend alors celle d'une belle brune répondant au nom de Loetta et entend faire d'eux son dessert. En effet, elle trouve très stimulantes les pensées du plus jeune qui en est tombé amoureux et les garde dans une cité céleste répondant à tous leurs besoins, mais où ils s'ennuient. Persuadée par ruse de matérialiser un nouvel avion, elle suit son soupirant dans sa fuite. Cette brève et superficielle nouvelle aurait sans doute gagné à être développée. C'est une rare tentative de parodier le thème.

La médiocrité des contributions états-uniennes est rachetée in extremis par *Goldfish Bowl* (tr. *La Création a pris Huit Jours*, 1942) de Robert A (nson) Heinlein (1907-88) qui n'adopte pas leur triomphalisme. Cette nouvelle tranche sur sa production habituelle. Elle apparaît comme une réplique au *Péril Bleu* ou même une modernisation. L'auteur en a-t-il lu l'adaptation ? Il est question dans les deux d'enlèvements et d'observations par une civilisation épistratosphérique.

L'histoire s'ouvre sur la découverte près des Îles Hawaï de deux énormes piliers reliant l'Océan Pacifique aux nuages. L'un pompe-t-il l'eau et l'autre la refoule-t-il ? Ils ont déjà avalé des bateaux venus trop près. Il y a aussi ces grosses boules de feu qui ont fait disparaître des gens et le sommet d'un pic rocheux qui a été arasé. Tout cela pour le compte de quelles intelligences et dans quel but ? Un enquêteur, Bill Eisenberg tente de le découvrir en se faisant enlever par elles.

Il reprend conscience, nu, dans un lieu informe et vide sans limites définies. Au réveil suivant, il trouve des sphères d'eau potable et un tas de matière comestible, mais peu appétissante, renouvelés pendant son sommeil. Puis un compagnon le rejoint. Ceux qui les étudient comptent-ils qu'ils se reproduisent ? l'un d'eux meurt et son corps disparaît. Le survivant se tatoue un bref message sur la peau pour prévenir l'humanité. Cela advient longtemps après, quand son cadavre est repêché près d'un des piliers.

Comme M. Renard, R.A. Heinlein suggère que, de leur hauteur, les X — ainsi les appelle-t-il —, ne s'intéressent pas plus à l'humanité que celle-ci aux fourmis. Ils ne leur veulent ni bien ni mal. Non sans humour et sans subtilité, il compare le milieu humain — qu'ils ne convoitent pas — et/ou sa reconstitution en vase clos à un bocal dont les poissons essaient en vain de s'échapper. Cette nouvelle est la dernière tentative de moderniser le thème. Elle est toujours intéressante, malgré sa caducité.

FIN ET RATTRAPAGE DU THÈME

Le thème revient encore dans *Be-Junior and the Aints* (tr. *La Planète Inconnue* ou *La Planète des Zourmis*, 1949), une amusante bande dessinée signée Walt Disney, mais due à Bill Walsh (1913-75) pour le scénario & Floyd Gottfredson (1905-86) pour le dessin. Emprunt à S.P. Meek ? —, Mickey Mouse et son ami Eega Beeva, en route vers la Lune, heurtent la gelée transparente gainant l'atmosphère (mais laissant passer les météores) : ils la creusent à la pelle ! Pied de nez au complexe de transgression ?

Il faut attendre 1971 pour qu'aux USA Philip José Farmer (1918-2009) renouvelle le thème avec *The Wind Whales of Ishmael* (*Les Baleines du Vent d'Ishmael*), suite à *Moby Dick* (tr. *Moby Dick*, 1851) de Herman Melville (1819-91). Le harponneur survivant Ishmael est projeté sur la Terre future. La Lune est dangereusement proche et le Soleil a évolué en géante rouge ; ses mers sont asséchées ; sa surface tremble constamment et abonde en plantes vampires et en cafards géants.

L'atmosphère raréfiée emplit encore les fonds marins. Une faune à la physiologie allégée et munie de vessies contenant un gaz léger y grouille, souvent dangereuse, tels les requins aériens ou une espèce d'île flottante. L'auteur la décrit comme un disque d'au moins un mile et demi de diamètre et épais de trois cents pieds. Posée sur une ville, l'une d'elles en a gobé les habitants avec ses tentacules. Ishmael assiste à sa liquidation par bombardement. Car l'humanité subsiste dans ce milieu.

Il s'est auparavant embarqué sur un voilier aérien pour pratiquer la chasse à l'équivalent atmosphérique de la baleine et a conquis le cœur d'une belle indigène qui l'initie sur l'oreiller à sa culture et à ses curieuses divinités. Cette transposition du thème dans l'avenir est une façon astucieuse de contourner sa péremption, mais cette évocation d'un monde mourant où l'atmosphère vibre de vie manque de mordant malgré son exotisme et son humour. Ce roman est un des plus faibles de l'auteur.

La nouvelle *Die Planktonfischer* (*Les Pêcheurs de Plancton*, 1982) se déroule aussi dans le futur, mais moins lointain. L'Ouest-allemand Andreas Brandhorst y imagine un océan aérien brassant une espèce de plancton et une faune abondante : de dangereux prédateurs rappelant les anciennes raies-mantes, mais surtout des méduses, rappelant celles de P. Scheerbart, qui peuvent atteindre plusieurs kilomètres de diamètre, planent en synthétisant de l'hydrogène et se reproduisent par scissiparité.

Débonnaires, elles ont accueilli les survivants de l'humanité, les nourrissent et absorbant leurs déchets. En échange, ils récoltent le plancton aérien, soignent leurs blessures, les débarrassent de leurs parasites et de leurs écailles mortes avec lesquelles ils bâtissent leurs maisons. Cette symbiose se double parfois de contacts télépathiques, car elles semblent douées d'une forme d'intelligence. Cette biologie résulte de mutations après que la pollution chimique a empoisonné la surface terrestre.

Die Planktonfischer est une évocation rapide, mais bien conçue de ce milieu par les yeux d'Aryna, une adolescente qui découvre le monde extérieur et s'éveille à ce contact télépathique. L'auteur la développe dans une seconde nouvelle, *Mondsturmzeit* (*Le Temps de la Tempête Lunaire*, 1982), et surtout dans le roman éponyme (1984) dans laquelle elle s'intègre, mais l'ambiance de cette civilisation y est parasitaire et étouffante alors qu'elle était harmonieuse dans le texte initial.

Il est vrai que l'héroïne, Mayda, est une inadaptée. Son don de voyance dérange la société traditionnelle rigide et hiérarchisée qui l'accuse d'avoir le mauvais œil. Celle-ci évolue dans les cavités et les canaux d'une méduse malade, mais est aliénée à ce microcosme organique tout en connaissant l'existence de la surface puisque des étrangers en proviennent. Mayda finit par y être bannie. Elle y élargit ses perspectives et accomplit sa destinée. Ses aventures remplissent la seconde moitié du roman.

Malgré le froid qui y règne, la partie supérieure de l'animal abrite une flore et une faune. Mayda y rencontre aussi des humains et l'amour. Dans un vaisseau gonflé à l'hydrogène, elle affronte la tempête cataclysmique qui agite l'océan aérien chaque fois que les sept lunes entrent en conjonction, jusqu'à son échouage sur une autre méduse. Bien moins poétique que *Die Planktonfischer* et un peu lourd, ce roman en conserve pourtant l'aspect humain par la peinture de sociétés liées à l'élément gazeux.

Une dimension plus proprement sociale apparaît dans *Sotto il Ventre di Medusa* (tr. *Sous le Ventre de la Méduse*, 1988), nouvelle de l'Italien Laurenzo Iacobellis qui ne relève sans doute que marginalement du thème, mais que nous mentionnons dans le doute. Au-dessus d'une ville innommée flotte un énorme organisme d'origine inconnue, traîné vingt ans plus tôt par cinq dirigeables dont nul n'a plus entendu parler. Sa présence immanente rythme la vie des habitants.

Dans le quartier qu'il survole, il fait pleuvoir les pellicules mortes de sa peau. Elles finissent par recouvrir les habitants d'une pellicule grise qui les signale au reste de la population. Mais surtout ses tentacules en enlèvent chaque nuit quelques-uns. Là échouent déshérités et marginaux. C'est l'histoire de l'un d'eux, divorcé et chômeur, jusqu'au dernier stade de la déchéance. Cette nouvelle sinistre et pathétique suggère que la Méduse a été placée, peut-être même créée, pour faire le ménage social.

Dans une veine proche de *Die Planktonfischer*, l'États-Unien Eric Vinicoff a écrit une série post-cataclysmique où, la surface de la Terre ayant été presque entièrement contaminée, l'humanité s'est réfugiée dans ses profondeurs et dans son atmosphère. Dans de gigantesques ballons, elle a fondé une société stable vue par les yeux de Wanda Grigg, une adolescente qui adore glisser dans les courants aériens. La première nouvelle, *Windrider* (*Cavalière du Vent*, 1986), ne concerne pas le thème.

Mais dans le roman *Maiden Flight* (*Vol Inaugural*, 1988), Wanda a pour ami Puff, une boule de feu. Ces créatures énergétiques de diamètre variable abondent dans l'ionosphère. Connues jadis sous les noms de foudre globulaire, feux de Saint-Elme, soucoupes volantes et autres, elles sont devenues familières aux humains qui se sont rapprochés de leur domaine. Elles pourraient être plus anciennes qu'eux et semblent même douées d'intelligence, car l'adolescente communique sommairement avec eux.

Maiden Flight concerne surtout la piraterie humaine dans l'atmosphère. Puff intervient seulement pour sauver la virginité de son amie en foudroyant son agresseur (preuve qu'il n'est pas si inoffensif) et en endommageant l'aéronef où elle est captive. Dans la seconde nouvelle, *Puff* (*Puff*, 1989), il l'aide à retrouver un vaisseau naufragé grâce à ses sens énergétiques. Nous ne saurons rien de plus sur ces curieuses créatures, l'auteur n'ayant pas poursuivi cette série, par ailleurs gentillette.

Nimbus (tr. *Nimbus*, 1994) du Canadien Peter Watts revient aux racines du thème, mais de façon inattendue et originale, même si le péril atmosphérique n'est pas une nouveauté. Ici, les nuages sont une forme de vie probablement intelligente dont la nature avait échappé à l'humanité. Cette nouvelle est un épisode poignant vu par un père de famille qui tente d'échapper en se calfeutrant dans une maison blindée aux cataclysmes météorologiques qu'ils déchaînent dans les campagnes où elle subsiste.

L'idée eût sans doute gagné à plus d'ampleur et d'explicitation. Mais l'auteur visait-il la vraisemblance ? L'humanité semble avoir irrité les nuages par sa gestion calamiteuse de la Terre. Ils ont donc commencé à détruire les villes et les centres industriels. La société occidentale se désagrège ; des survivants ne sont pas loin de leur vouer un culte dans l'espoir d'être épargnés. C'est un traitement plus ou moins métaphorique de la vengeance de la nature. Ou du Ciel divin et immanent des anciens.

Un autre Canadien, mais francophone, Alain Lortie, signe Daniel Sernine les récits de sa série située dans une région imaginaire du Québec. Mais il revient à une conception bien plus classique du thème dans *Les Îles du Ciel* (2014), extension de la nouvelle *La Pluie Rouge* (1999), où il conte la chute d'une substance gélatineuse et filandreuse, informe, inodore et insipide, puis de fragments sanglants non identifiés. D'où l'idée qu'ils proviennent d'îles célestes qui, d'en bas, passent pour des nuages.

Ce roman destiné à la jeunesse se passe de 1784 à 1789, époque des premières montgolfières. Trois audacieux en utilisent une qui les pousse vers tout un archipel. Ils atterrissent sur une île et y passent plusieurs semaines. Ils trouvent une flore et surtout une faune souvent inconnues. Citons les cerfs-orignaux, les albatros tétraptères, les oiseaux rocs, les singes-écureuils, les lapins-moutons, les criquets-libellules à queue de scorpion dont le venin est fatal à l'un d'eux. Enfin, il y a les habitants.

Il s'agit d'humains diaphanes auxquels, sans doute par une différence de nature, ils sont invisibles, sauf à ceux qui entrent en transe lors d'énigmatiques cérémonies où ils lévitent. Le trio se déplace donc incognito dans leurs cités et presque tout leur échappe de leur culture raffinée. Il les voit pourtant utiliser des barques attelées d'équidés ailés pour rallier d'autres îles et des méduses géantes pour tracter des icebergs aériens et les lâcher dans des bassins qui abreuvent la population.

Les survivants reviennent au Canada, mais loin de leur lieu d'envol, et, après leur naufrage, perdent pendant leur retour à pieds tous les échantillons végétaux, animaux et minéraux. Seul subsiste le journal manuscrit où l'un d'eux a consigné leur odyssée qu'ils se gardent de dévoiler à leur entourage faute de preuves, inventant un mensonge vraisemblable. Il est dommage que l'auteur reste vague sur la nature des îles et des habitants célestes, se contentant de suggérer un sens presque mystique au terme.

L'Anglais Stephen Baxter choisit le passé dans *Evolution* (tr. *Évolution*, 2002), épaisse histoire de l'homme, de ses ancêtres et de ses descendants de - 65 à + 500 millions d'années. Il y comble parfois avec humour les lacunes paléontologiques. Ainsi, en suspension dans la stratosphère du Crétacé, des cachalots aériens, ptérosaures évanescents d'une centaine de mètres d'envergure se sustentent d'un plancton d'insectes. En deux brefs passages, il en fournit une description pittoresque.

Autre façon d'exhumer le thème : l'intégrer à un univers parallèle. Le Canadien Kenneth Oppel a écrit pour la jeunesse une trilogie où la Terre de la fin de la Belle Époque ne serait guère différente si le vol plus lourd que l'air ne s'était limité à des ornithoptères maladroits aux ailes battantes et surtout si la haute atmosphère n'avait sa propre faune pittoresque. Y croisent aussi des dirigeables dépourvus de radar, gonflés d'un gaz imaginaire, l'hydrium, technologie encor en pleine expérimentation.

Les pionniers en sont le jeune Matt Cruse et sa petite amie Kate de Vries. Dans *Airborn* (tr. *Fils du Ciel*, 2004), ils affrontent les oiseaux-chats, mammifères volants. Dans *Skybreaker* (tr. *Brise-Ciel*, 2005), en quête d'un dirigeable abandonné avec toutes ses richesses, ils échappent aux ouranozoaires, céphalopodes dotés d'une vessie pleine d'hydrium et de tentacules électriques capables de tuer. Enfin, dans *Starclimber* (tr. *Au-delà du Ciel*, 2011), ils dépassent les limites atmosphériques.

Ils prennent un ascenseur spatial le long d'un câble en une matière extraite d'un cratère météorique jusqu'à un satellite orbitant à 25 000 miles. Ils croisent les éthériens, êtres lumineux sans membres dont les œufs infestent leur parcours et des sortes de bernicles qui rongent la ligne, les forçant à regagner le sol par leurs propres moyens. Il n'est pas clair que ces créatures se rattachent à la Terre ou au vide spatial. Dans cette trilogie superficielle, la transgression aérienne est peu convaincante.

Enfin la caducité apparente du thème sous sa forme classique n'a pas empêché deux curieuses régressions. *Elementals* (*Élémentaux*, 2012) de l'états-unienne Ursula Le Guin est une amusante trilogie de contes, bestiaire qui relate les caractéristiques et les mœurs de créatures imaginaires, souvent voisines de l'humanité, mais tellement discrètes que celle-ci les ignore. Le plus bref, *Airlings* (*Les Aériens*), détaille de charmantes bestioles vivant entre cent et douze mille pieds d'altitude.

Petits, légers, ténus, presque transparents, invisibles au radar, ces aéricoles se nourrissent d'énergie solaire. Ils ne sont pas sexués ou partagent le même sexe, mais, sept mois après leur rencontre, chaque partenaire donne naissance à un petit qu'il élève. À l'approche de la mort, ils volent le plus haut possible et se consument sans laisser de traces. Ils profitent souvent du passage des oiseaux pour voyager. Hélas, à mesure que l'homme étend son domaine, ils se retirent au-dessus des zones inhabitées.

La seconde régression est *L'homme Truqué* (2013), bande dessinée française de Serge Lehman (scénario) et Gess (images), s'inspire librement du roman éponyme (1921) de M. Renard, où est greffé à un aveugle de guerre un appareil lui permettant de voir l'électricité émise par les corps vivants et minéraux. De plus, elle se rattache à *La Brigade Chimérique* (2009-10), série fantaisiste et parodique mêlant aux personnages historiques ceux de la vieille anticipation française.

Mais sur l'original se greffe un prolongement du *Péril Bleu*. L'aveugle est seul à voir sur le dos de sa fiancée un sarvant qui contrôle sa volonté. Il découvre avec son biographe M. Renard que, après la chute de leur vaisseau, des survivants s'en servent pour en construire un nouveau. Celui-ci sera détruit et les autres esclaves attendent leur libération. Cet hommage nostalgique à des ouvrages et des auteurs anciens est d'inspiration nettement parodique. Il est surtout maladroit et tiré par les cheveux.

PÉREMPTION OU ACTUALITÉ DU THÈME ?

Une V-2 modifiée lancée de White Sands atteignit l'altitude de 69 miles en 1945. En 1949, celle-ci, augmentée d'une Wac Corporal, modeste fusée de conception américaine datant de 1946, ne transgressa nulle limite. De retour de sa satellisation en 1961, le premier astronaute soviétique Youri Gagarine déclara docilement qu'il n'avait rencontré aucun dieu dans le ciel, tentative idéologique d'en balayer pour de bon l'immanence et la divinisation véhiculées par maintes religions.

Ce démentit matérialiste ne suffit sans doute pas puisqu'elles ne s'écroulèrent pas : les théologiens avaient déjà transposé dans l'inaccessible immatériel le séjour des divinités. Dans la SF, le thème vécut donc un demi-siècle avant de renaître. Notons à ce propos l'adaptation pour la télévision française du *Péril Bleu* par Jean-Christophe Averty en 1975, mélange d'animation et de prises de vue réelles, exhumation inattendue qui n'ajoute qu'humour et pacifisme à l'original.

Deux courants parcourent le thème. Celui inauguré par P. Scheerbart et W.A. Page fut récupéré par A.C. Doyle qui le transmit à N. Salvaneschi, F. Orndorff, H. Kostkos (1937), A.M. Low, D. Sernine et K. Oppel, peut-être aussi à A. Brandhorst, E. Vinicoff et P. Watts. Le roman de M. Renard inspira en France un téléfilm et une bande dessinée et sa traduction largement diffusée S.P. Meek, W. Kateley, H. Kostkos (1933), C.W. Diffin, J. Williamson, G. Renker, R. Winterbotham et R. Heinlein.

C'est plutôt chez A.C. Doyle que s'abreuvent P.J. Farmer, A. Brandhorst et E. Vinicoff, faisant de l'atmosphère un refuge dans une perspective post-cataclysmique. Brandissent-ils les derniers flambeaux d'une tradition relativement riche dont ils déplorent la péremption et qu'ils tentent de ressusciter en la travestissant ? C'est un exemple de la façon dont les thèmes peuvent évoluer tout en conservant leurs fondamentaux. C'est aussi vrai de la Terre parallèle ou uchronique de K. Oppel.

Mais l'évolution thématique peut être dépassée sans trop perdre de sa spécificité. Car les thèmes mutent dans la SF. Chassés par la porte, ils peuvent rentrer par la fenêtre. D'ailleurs y en a-t-il vraiment de périmés, même quand la science et l'actualité les ont désavoués ? Ils demeurent avant tout le produit de l'inconscient collectif humain : celui-ci les remodèle et leur donne une nouvelle vie, ce qui n'a rien d'étonnant, vu la subjectivité des auteurs (et l'arbitraire des thématiciens).

Ainsi le thème imprègne-t-il encore *Alguien mora en el Viento* (tr. *Les Hauts et les Bas de Hurle-Vent*, 1959) du Chilien Hugo Correa, où dans la haute atmosphère de Vénus dérivent des îles flottantes naturelles abritant des humains, *A Meeting with Medusa* (tr. *Face à Face avec Méduse*, 1971) du Britannique Arthur C. Clarke, qui imagine celle de Jupiter hantée par de titanesques espèces antagonistes et *Les Croisés du Vide* (1998) du Français Laurent Genefort qui se passe dans une planète gazeuse.

Dans deux romans, *The Integral Trees* (*Les Arbres Intégraux*, 1983) et *The Smoke Ring* (*L'Anneau de Fumée*, 1987), l'États-Unien Larry Niven imagine autour d'une étoile à neutrons une enveloppe gazeuse pourvue d'îles végétales que des humains colonisent. Dans celui de la Française Sylvie Denis, *Les Îles dans le Ciel* (2008), d'autres découvrent une planète à la surface inhospitalière, mais à l'atmosphère respirable parcourue de nuages de mousse légère, mais solide où ils s'établissent.

Dans ses albums de bandes dessinées signés Leo, le Brésilien d'expression française Luis Eduardo de Oliveira multiplie les créatures extra-terrestres souvent aussi pittoresques que dangereuses. Les explorateurs du cinquième épisode (2013) d'*Antarès* rencontrent ainsi dans l'atmosphère d'Antarès 5 deux bêtes géantes dotées de ballons naturels : une méduse que frôle leur navette et une baleine qui gobe les animalcules gélatineux en suspension dans l'air, sauf quand la pluie les entraîne.

Notons qu'A.C. Clarke hérite d'A.C. Doyle dans la mesure où l'atmosphère jovienne est traitée comme un océan gazeux. Chez les continuateurs de ce dernier abondent d'ailleurs les comparaisons avec les méduses, les raies, les pieuvres, les baleines, les requins et le plancton. Mais cette assimilation marine se retrouve parfois dans l'autre courant où la terre ferme est considérée comme le fond d'un océan par les habitants d'en haut. Au moins une douzaine de titres s'y rattachent dans les deux cas.

Notons aussi combien il est curieux que la période d'activité majeure de ce thème, devenu vite intempestif, ait coïncidé avec celle où se développait le space opera. Rétrospectivement, n'est-il pas piquant qu'une minorité d'auteurs ait opposé à l'humanité une barrière à quelques kilomètres d'altitude alors que la majorité lui ouvrait la conquête des planètes, voire de la Galaxie ? Si la haute atmosphère s'assimile à un continent inexploré, pourquoi pas le firmament ?

Comme dans ces anciens récits où des explorateurs découvraient des contrées avancées ou préhistoriques, voire les deux à la fois, l'humanité affronte ici un défi en butant sur ses limites spatiales et/ou mentales. Certains auteurs auraient-ils douté de sa suprématie dans le ciel et encore plus dans les étoiles ? C'est oublier que P. Scheerbart, S.P. Meek, W. Kateley, C.W. Diffin, J. Williamson, H.J. Kostkos, A.M. Low, R.R. Winterbotham, R. Heinlein et U. Le Guin ont aussi creusé la veine interplanétaire.

Certes, le pessimisme sous-tend les horreurs zoologiques de W.A. Page, A.C. Doyle, F. Orndorff, P. Watts et L. Iacobellis. M. Renard et R. Heinlein se résignent à une immanence insurmontable. Mais P. Scheerbart, N. Salvaneschi, A.M. Low et E. Vinicoff n'envisagent pas de fatalité s'opposant à l'expansion aérienne de l'humanité. Son manque de spiritualité est seule responsable pour C.W. Diffin et G. Renker. Enfin, S.P. Meek et H.J. Kostkos préconisent avec succès la manière forte.

La Bible hébraïque offre tout ce qui vit sur Terre au couple primordial, mais son créateur punit les audacieux qui tentent d'escalader le Ciel. Seuls de rares élus y sont transportés in corpore. Le Nouveau Testament élargit ce privilège, mais maintient hypocritement la sujétion des vivants à l'altitude : le céleste pasteur tond ses brebis, ce qui n'est déjà pas flatteur, et, même s'il ne les écorche pas, il ne les laisse pas gambader à leur gré. L'humanité est pitoyable et Dieu son principal exploiteur.

À l'instar des anges révoltés contre Dieu, la SF a levé l'étendard de la révolte contre le Ciel, domaine à conquérir, y compris contre ses habitants, ou patrie de conquérants. Quant à la haute atmosphère, elle en a fait le plus proche obstacle à l'expansion de l'homme ou la cause de ses misères, nouveau continent, étape à franchir ou siège de savoirs supérieurs, le diabolisant à l'occasion. Il faut bien justifier son exploitation. L'esprit de lucre l'emporte alors sur le complexe de transgression.

Si les îles et les créatures aériennes empêchent souvent l'épanouissement humain en altitude, la coque qui enveloppe la Terre chez M. Renard, S.P. Meek, H.J. Kostkos (1933), C.W. Diffin, G. Renker et R. Heinlein est-elle un obstacle ou une protection ? L'humanité sous-jacente y apparaît faible et ignorante. Cela équivaut à un sac amniotique où le fœtus vit sa dépendance sans contact avec l'extérieur hostile. Peu proposent résolument de le percer pour accéder à la naissance et à la connaissance.

Ainsi le thème reflète-t-il dans sa forme classique un stade que l'audacieux chercheur doit atteindre et, s'il le peut, explorer et surmonter jusqu'au suivant, l'espace sidéral, ce qu'illustre à merveille S.P. Meek malgré ses maladresses. Mais tout aussi bien symbolise-t-il une des épreuves vers la connaissance et la vérité qui se présente — s'oppose ? — à l'humanité dans son ascension matérielle, mais parfois lui montre la voie spirituelle comme l'irrésistible évocation d'émissaires divins de G. Renker.

Souvent punitive, l'immanence céleste reflète le temps où le domaine terrestre, assez réduit, s'élargissait trop vite au gré d'esprits encore en proie à d'inquiétants vieux mythes. Le thème s'est d'abord diversifié avec la SF témoin de son temps, prodigue en nouveaux avertissements, puis s'actualisant au rythme des conquêtes spatiales et scientifiques. Rien de sérieux n'ayant bridé l'expansion humaine, il s'est acheminé vers une presque caducité, mais demeure riche en significations intéressantes à expliciter.

25/05 – 10/06/2010

BIBLIOGRAPHIE THÉMATIQUE

1/ PAUL SCHEERBART: DIE LUFTQUALLEN. EINE ENTDECKERGESCHICHTE (Allemagne)

1 – Der Sturm n°1, 1910.
2 – Recueil *Meine Tinte ist meine Tinte!*, Eulenspiegel, Berlin-Est, 1986.
3 — Site allemand Paul Scheerbart (vers 2000).

2/ WILLIAM ADINO PAGE: THE AIR SERPENT (Grande-Bretagne)

1—The Red Book Magazine, avril 1911.
2—Anthologie *Science Fiction by Gaslight*, Hyperion Press, 1968, 1974.

3/ MAURICE RENARD : LE PÉRIL BLEU (France)

1 — Éd. Louis Michaud, Paris, 1911.
2 — L'Intransigeant, 17 avril au 1er juin 1919 (abrégé).
3 — L'Édition Française Illustrée, Paris, Collection Littéraire des Romans d'Aventures, 1920.
4 — Éd. Crès, Paris, Romans d'Aventures, 1922 (abrégé).
5 — Éd. Tallandier, Paris, A Travers l'Univers, 1953 (abrégé).
6 — Les Belles Lectures n° 275 à 278, 15 avril au 15 juin 1955 (abrégé).
8 — Éd. Tallandier, Paris, 1958 (abrégé).
9 — Éd. Filipacchi, Paris, Mademoiselle Age Tendre n° 12, 1972 (abrégé).
10 — Éd. Belfond, Paris, Domaine Fantastique, 1974.
11 — Presses de la Renaissance, Paris, 1974.
12 — Éd. Gérard, Verviers, Marabout Géant n° 599, 1976.
13 — Recueil *Romans et Contes Fantastiques* de Maurice Renard, Éd. Robert Laffont, Paris, Bouquins, 1987.
14—Anthologie *Chasseurs de Chimères*, Éd.Omnibus, Paris, 2006.
15 — Éd. Infolio, Paris, 2010.

4/ PIERRE DÉSIRIEUX : LE GÉNIE AUX AILES DE CENDRE
(France)

1 — La Vie Mystérieuse n° 78, 25 mars 1912.
2 — Anthologie *La Vie Mystérieuse 1909-1914*, Éd. Recto Verso, Bruxelles, Ides... et Autres hors commerce n° 57, 1996.

5/ ARTHUR CONAN DOYLE: THE HORROR OF THE HEIGHTS (Grande-Bretagne)

1 — Everybody's Magazine, novembre 1913.
2 — Strand Magazine, 1913.
3 — Recueil *Danger! and Other Stories*, J. Murray, Londres, 1918, 1929, 1931, 1934.
4 — Recueil *The Black Doctor and Other Tales of Terror and Mystery*, Doran, New York, 1925.
5 — Recueil *The Conan Doyle Stories*, Murray, Londres, 1929, 1939, 1940, 1945, 1949, 1951, 1956, 1960.
6 — Famous Fantastic Mysteries, décembre 1947.
Nombreuses autres rééditions.

Traductions : *L'Horreur des Altitudes* (Je Sais Tout n° 207, avril 1922 ; recueil *La Brèche aux Monstres*, Éd. Albin Michel, Paris, Les Maîtres de la Littérature Étrangère, vers 1930. *L'horreur en Plein Ciel*, recueil *Histoires Extraordinaires*, Éd. Robert Laffont, Paris, Conan Doyle – Œuvres Complètes, tome 12, 1961, recueil *La Tragédie du Korosko Contes de Terreur*, Éd. Walter Beckers, Kapellen-Anvers, Les Œuvres Complètes de Sir Arthur Conan Doyle n° 21, 1967 ; *L'Horreur des Altitudes*, recueil *L'Horreur des Altitudes*, Union Générale d'Éditions, Paris, Les Maîtres de l'Étrange et de la Peur..., 1980 ; recueil *La Ville du Gouffre/L'Horreur du Plein Ciel*, Nouvelles Éditions Oswald, Paris, Fantastique, S.F., Aventures n° 24, 1981 ; recueil *L'Horreur des Altitudes*, Union Générale d'Éditions, Paris, 10/18 n° 1853, 1987).

6/ NINO SALVANESCHI : LA RIVOLTA DEL 2023 (Italie)

1 — Modernissima, Milan, 1924.

7/   FRANK ORNDORFF: THE TERRORS OF THE UPPER AIR (USA)

1 — Amazing Stories Quarterly, hiver 1928.

8/   JACK WILLIAMSON: THE SECOND SHELL (USA)

1 — Air Wonder Stories, novembre 1929.
2 — Recueil *The Metal Man and Others*, Haffner Press, Royal Oak, 2008.

9/   CAPTAIN S.P. MEEK: BEYOND THE HEAVISIDE LAYER (USA)

1 — Astounding Stories, juillet 1930.
2 — Site du Projet Gutenberg (Australie), 2009.

10/ CAPTAIN S.P. MEEK: THE ATTACK FROM SPACE (USA)

1 — Astounding Stories, septembre 1930.
2 — Site du Projet Gutenberg (Australie), 2009.

11/ WALTER KATELEY: BEINGS OF THE BOUNDLESS BLUE (USA)

1 — Amazing Stories, mai 1931.

12/ HENRY J. KOSTKOS: THE METEOR MEN OF PLAA (USA)

1 — Amazing Stories, août/septembre 1933.

13/ CHARLES WILLARD DIFFIN: LAND OF THE LOST (USA)

1 — Astounding Stories, décembre 1933 et janvier 1934.

14/ JACK WILLIAMSON: DEATH'S COLD DAUGHTER (USA)

1 — Thrilling Mystery, septembre 1936.

15/ GUSTAV RENKER : DER FLUG INS NICHTS (Autriche-Suisse)

1 — Almanach Frohes Schaffen, volume XIII, 1936, Verlag für Jugend und Volk, Vienne.

16/ HENRY J. KOSTKOS: DEATH IN THE STRATO-SPHERE (USA)

1—Amazing Stories, août 1937.

17/ PROFESSOR A. M. LOW: ADRIFT IN THE STRATO-SPHERE (Grande-Bretagne)

1 — Blackie & Son, Londres et Glasgow, 1937.

18/ RUSS R. WINTERBOTHAM: THE THOUGHT-FEEDERS (USA)

1 — Future, octobre 1941.

19/ ROBERT A. HEINLEIN : GOLDFISH BOWL (USA)

1 — Astounding Science-Fiction, mars 1942 (sous le nom d'Anson McDonald).
2 — Recueil *The Menace from Earth*, Gnome Press, New York, 1959.
3 — Idem, Ambassador, 1959.
4 — Idem, Signet, New York, 1962 (plusieurs réimpressions).
5 — Idem, Dobson, Londres, 1966.
6 — Idem, Corgi, Londres, 1968 (plusieurs réimpressions).
7 — Anthologie *Apeman, Spaceman*, Berkley, New York, 1971.
(Autres rééditions)

Traduction : *La Création a pris Huit Jours* (Recueil *Jackpots*, Éd. Astusf, 2012).

20/ BILL WALSH & FLOYD GOTTFREDSON: BE-JUNIOR AND THE AINTS (USA)

1 — Divers quotidiens U.S. du 7 mars au 6 août 1949 (signé Walt Disney).

Traductions : *La Planète Inconnue* (Mickey Magazine [Belgique] n° 168 à 201 [sauf 200], du 15 décembre 1953 au 12 octobre 1954 ; *La Planète des Zourmis*, Le Journal de Mickey [France] n° 1478 à 1497, 1981-82).

21/ PHILIP JOSÉ FARMER: THE WIND WHALES OF ISHMAEL (USA)

1 — Ace Books, New York, 1971.

22/ JEAN-CHRISTOPHE AVERTY : LE PÉRIL BLEU (France)

1 — Antenne 2, 31 mars 1975 ; adaptation et dialogues : Claude Veillot ; images : Claude Galland ; effets spéciaux : Max Debrenne ; direction graphique : Roger Dauvillier ; distribution : Jean-Roger Caussimon, Bernard Valdeneige, Michel Modo, Yvonne Clech, Éric Colin, France Dougnac, Nicole Norden, Guy Grosso, Bernard Carra, Pierre Mirat, Fransined, Marie-Véronique Maurin, Mado Maurin, Jean-Jacques Steen, Maurice Travail, Annette Poivre, Paul Bisciglia, Michel Dupleix, et Raymonde Vattier.

23/ ANDREAS BRANDHORST: DIE PLANKTONFISCHER (RFA)

1 – Anthologie *Metropolis brennt!*, Moewig, 1982.

24/ ANDREAS BRANDHORST : MONDSTURMZEIT (RFA)

1 — Anthologie *Die Träume des Saturn*, Arena-Verlag, 1982.

25/ ANDREAS BRANDHORST : MONDSTURMZEIT (RFA)

1 — Goldmann, Munich, Science Fiction, 1984.

26/ LAURENZO IACOBELLIS : SOTTO IL VENTRE DI
     MEDUSA (Italie)

1 — Inédit en italien.

Traduction : *Sous le Ventre de la Méduse* (Antarès n° 29, premier
trimestre 1988).

27/ ERIC VINICOFF: MAIDEN FLIGHT (USA)

1 — Baen Books, New York, 1988.

28/ ERIC VINICOFF: PUFF (USA)

1 — Analog, septembre 1989.

29/ PETER WATTS : NIMBUS (Canada)

1 — On Spec, été 1994.
2 — Recueil *The Island and Other Stories*, Goodreads, 2012
(édition numérique).

Traduction : *Nimbus* (Solaris n° 143, automne 2002) ; anthologie
Utopiales 13, Éd. Actu SF, Chambéry, 2013).

30/ DANIEL SERNINE : LA PLUIE ROUGE (Canada/Québec)

1 — Les Débrouillards n° 186 et 187, septembre et octobre 1999.
2 — Anthologie *La Pluie Rouge et Autres Histoires*, Éd. Soulières,
Saint-Lambert, Chat de Gouttière, 2004.

31/ STEPHEN BAXTER : EVOLUTION (Grande-Bretagne)

1 — Gollancz, Londres, 2002.
2—Del Rey, New York, 2003.

Traduction : *Évolution* (Presses de la Cité, Paris, 2005 ; Presses
Pocket, Paris, SF n° 5925 & 5970, 2008, 2 volumes).

32/ KENNETH OPPEL : AIRBORN (Canada)

1 — Harper Collins, New York et Toronto, 2004.

Traduction : *Fils du Ciel* (Éd. Bayard, Paris, Estampille, 2004; Éd. Scholastic, Toronto, 2004).

32/ KENNETH OPPEL: SKYBREAKER (Canada)

1—Harper Collins, New York et Toronto, 2005.

Traduction : *Brise-Ciel* (Éd. Bayard, Paris, Estampille, 2006, Éd. Scholastic, Toronto, 2006).

33/ KENNETH OPPEL : STARCLIMBER (Canada)

1—Harper Collins, New York et Toronto, 2008.

Traduction : *Au-delà du Ciel* (Éd. Bayard, Paris, Estampille, 2011; Éd. Scholastic, Toronto, 2011).

34/ URSULA LE GUIN: AIRLINGS (ELEMENTALS) (USA)

1 –Tin House, octobre 2012.
2—Anthologie *The Year's Best Science Fiction & Fantasy: 2013 Edition*, Prime Books, 2013.
3 — Lighspeed, janvier 2014 (édition électronique).

35/ SERGE LEHMAN & GESS : L'HOMME TRUQUÉ (France)

1 — Éd. de l'Atalante, Nantes, L'Hypermonde, 2013.

36/ DANIEL SERNINE : LES ÎLES DU CIEL (Canada/Québec)

1 — Éd. Soulières, Saint-Lambert, Graffiti n° 85, 2014.

L'auteur prie les lecteurs qui auraient relevé des erreurs et des oublis dans cet article de les lui communiquer à l'adresse suivante : erelis_gon@yahoo.fr.

LES ALLUMEURS D'ÉTOILES

L'auteur remercie Martine Blond, John Boston, Internet, Ralph Letsch, Patricia Manignal, Dominique Martel, Harry Morgan, Olivier Raynaud, Erik Simon, Guy Sirois et Graham Stone pour les informations et les documents fournis.

LES ALLUMEURS D'ÉTOILES

D'UN THÈME À L'AUTRE

La mort du Soleil est un des thèmes grandioses de la SF. L'exaltent magnifiquement le poème *L'Astre Rouge* (1884) du Français Charles-Marie Lecomte de Lisle (1818-94) et les romans *The House on the Borderland* (tr. *La Maison au Bord du Monde*, 1908) et *The Night Land* (tr. *Le Pays de la Nuit*, 1912) de l'Anglais William Hope Hogdson (1875-1917), où l'étoile déchue ensanglante de ses derniers rayons le désert du monde. Ainsi se projette dans le futur la terreur primitive de l'humanité en proie aux ténèbres, voire à la peur de ne plus voir se lever l'aube. La SF rejoint ici les religions qui déifièrent le suprême luminaire et même, surtout en Amérique Centrale, multiplièrent les sacrifices humains pour nourrir ses feux.

Moins pessimiste, *De Sista Människorna* (*Les Derniers Humains*, 1911), un des nombreux romans de SF du Suédois Otto Witt (1875-1923), dépeint une morne humanité qui survit par sa technologie sous la banquise mondiale. Car, ici, un ingénieur du XXe siècle, projeté 20 000 ans dans l'avenir, trouve le moyen de rapprocher la Terre du Soleil pour la dégeler. Solution audacieuse, pourtant moins que ranimer les feux solaires. Et, puisque c'est une étoile parmi tant d'autres, pourquoi ne pas rallumer les mortes ou les agonisantes ? Et même enflammer des nuages cosmiques, des planètes, des satellites ou des astéroïdes ? Ici la SF se joue des outrances. Telles sont les modalités d'un thème moins fréquent.

CINQ PIÈTRES PRÉCURSEURS

Le problème devait passionner O. Witt dont le court roman *Jordens inre* (*L'Intérieur de la Terre*, 1912) raconte le creusement de profonds puits au fond desquels est injectée de l'eau de mer. Celle-ci alimente un nouveau Gulf Stream qui libère des glaces les côtes russes en 1936. Dans sa suite *Det mystiska ljuset* (*La Lumière Mystérieuse*, 1912), le tsar n'est pas satisfait : il entend que tout le nord de son empire jouisse d'un meilleur climat pour être mieux exploité. C'est 1938 : l'auteur ne prévoyait pas la révolution de 1917, ce qui ne l'empêcha pas, nous le verrons, de l'envisager pour plus tard. Cette fois, en 1940, son ingénieur propulse en orbite une sphère ignée alimentée électriquement par cinq centrales terrestres.

Orbitant d'est en ouest au-dessus du 50e degré de latitude nord, le mini-soleil réchauffe successivement la Sibérie la Scandinavie, le Canada et l'Alaska. S'ensuivent des perturbations météorologiques — dont l'auteur semble négliger la violence. Et surtout le climat adouci favorise en orient contre le régime, l'aristocratie et l'église une insurrection qui progresse vers Saint-Pétersbourg. Pour la geler, le tsar est obligé de couper le courant de la sphère ignée. Mais en 1942 il le rétablit et les rigueurs hivernales cessent sur son empire. Comme en général les autres romans d'O. Witt,

Det mystiska ljuset manque de souffle épique. Son argument thématique est peu convaincant. Son intérêt est avant tout historique.

Autre initiateur du thème, Raymond Z (inke) Gallun (1911-94), habitué des « pulps » états-unien connut une carrière assez inégale couvrant près d'un demi-siècle. Sa troisième nouvelle publiée, *Atomic Fire* (*Le Feu Atomique*, 1931), dépeint la Terre (rebaptisée Aerth sans grande imagination) dans dix millions d'années. Conquise en 2089 par les Martiens ayant fui de leur planète agonisante, la voilà presque réduite au même état : atmosphère raréfiée, océans asséchés ; sa surface est désertique, sauf là où l'arrose le réseau de canaux creusés depuis les calottes polaires ; et le Soleil rouge la chauffe chichement, un sort bien prématuré d'après les prévisions de l'astrophysique moderne.

ICoup de grâce, un nuage de gaz sidéral intercepte les rares rayons solaires. L'atmosphère commence à se solidifier. Sark Ahar, un des rares savants terriens rivalisant avec les Martiens, réussit à libérer — enfin ! — l'énergie des atomes pour combattre le froid. Par crainte d'une réaction en chaîne, le premier essai a lieu au large de la Lune dans un astronef. Il est vite rongé par le feu nucléaire. Avant de l'évacuer, Sark Ahar le lance contre le satellite qui, par contagion, devient le nouveau soleil de la Terre. Reconnaissants, les Martiens lui élèvent une colossale statue. Naïf, vieillot, sommaire, peu inspiré, bourré des poncifs déjà établis du genre, ce texte n'a pour mérite que l'antériorité.

R.Z. Gallun récidiva dans *The Menace from Mercury* (*La Menace de Mercure*, 1932) d'après un synopsis de John Michel (1917-69), septième lauréat d'un concours de scénarios interplanétaires lancé par

Wonder Stories, plus tard connu sous le nom de Hugh Hammond. Détectées à la surface de Mercure, des lumières ont pour cause un cône haut d'un mile qui provoque l'ignition progressive de la planète. Mais il est surtout question des efforts désespérés de Terriens pour percer le champ de forces qui le protège et où ils sont piégés, ainsi que ses bâtisseurs extra-terrestres dont les buts resteront inconnus. Dans sa cinquième nouvelle, ce débutant s'efforce d'étoffer sans grand succès l'histoire d'un autre amateur.

Autre contributeur des « pulps », Howard W. Graham, pseudonyme de Howard E (lmer) Wandrei (1909-56), reprend l'idée de l'embrasement lunaire dans *Guns of Eternal Day* (*Les Canons du Jour Éternel*, 1934). Croyant faire le bonheur de l'humanité, un savant fou bombarde la Lune de deux flux électriques, un positif, un négatif, qui en libèrent l'énergie. Mais l'excès de lumière commence à faire fondre les calottes polaires et cause des mutations animales nuisibles, des épidémies ; le climat devient tropical et tempétueux ; les saisons s'effacent. Par chance, au bout de trois ans, une comète de passage capture le soleil inopportun, conclusion stupide de cette nouvelle invraisemblable et mal fagotée.

Aussi médiocre et inepte, celle du prolifique auteur anglais John Russell Fearn (1908-60), *Earth's Mausoleum* (*Le Mausolée de la Terre*, 1935) s'ouvre sur la proposition d'extra-terrestres altruistes de mettre leur science immense au service de l'humanité. Ils commencent par changer la face du monde et la société, puis bâtissent des usines atmosphériques pour rendre la Lune habitable. Mais leur capteur de rayons solaires est saboté. En un mois, l'astre du jour s'éteint tandis que son énergie est drainée et s'accumule dans les installations. Elle est libérée lorsque les étrangers, incapables d'y pénétrer, se sacrifient en lançant dessus leur astronef. La Terre est sauvée d'une glaciation définitive par son satellite transformé en étoile.

LES CLASSIQUES

Le soleil lunaire a pu inspirer Jack Williamson (1908-2006), autre adepte états-unien du space opera. Plus sophistiquée, sa longue nouvelle *The Sun Maker* (*Le Créateur de Soleil*, 1940) se déroule trente ans après l'arrivée de la Tache, phénomène gênant considérablement la propagation dans l'éther des ondes lumineuses, caloriques, radio et gravitationnelles entre le Soleil et la Terre. Depuis, sa surface est gelée et son atmosphère solidifiée ne la protège plus des météorites. Retirés dans les profondeurs, les rescapés vivotent. Pire : les ressources se raréfiant, le Régent de l'Énergie prévoit de ne garder que deux cents âmes pour préserver l'espèce et d'en abandonner des millions.

Sans avoir vu le Soleil, le jeune Jeremy Cord rêve d'en créer un. Espérant découvrir un filon de cristaux fournissant l'énergie aux cités enfouies, il vole une taupe mécanique dernier modèle capable de parcourir huit miles par jour. Il perce une des immenses cavernes de Yogroth éclairées par des globes lumineux, tapissée de fougères arborescentes et peuplée de reptiles humanoïdes. Naniaya, une femelle avec qui il sympathise, lui apprend que son espèce y vit depuis l'ère secondaire, où une Tache précédente causa l'extinction des dinosaures. Mais elle a perdu la technologie de ses luminaires et se retire à mesure qu'ils s'éteignent. Ceux-ci étant considérés comme sacrés, leur accès est interdit à un étranger.

Il arrive néanmoins à comprendre leur fonctionnement. Mais les humains ont découvert l'existence des reptiles et la guerre éclate pour la possession des confortables cavernes. L'extermination mutuelle commence. Le jeune homme n'arrive pas à convaincre ses dirigeants que les deux espèces n'assureront leur salut qu'en coopérant. Délivré par sa fiancée (humaine), il fuit vers la surface et lance vers la Lune une charge pour y amorcer une réaction en chaîne. Elle se change alors en étoile. Il faut dire que la Tâche avait distendu les liens gravitationnels entre la Terre et le Soleil, au point qu'une année-lumière les sépare. La surface redevient habitable et le conflit n'a plus de raison d'être.

The Sun Maker relate une quête vers la lumière perdue qu'un héros prométhéen — plus heureux que son modèle — arrache non aux dieux, mais au sein de la Terre pour la sublimer à sa surface et en baigner à la fois l'humanité et l'espèce qui l'a précédée. C'est aussi, par extension, le triomphe de la connaissance, de la vérité, de la justice, de la paix et de la jeunesse auxquelles bien des mythes l'assimilent ou qui du moins s'y associent. Malheureusement, l'auteur n'a pas vu toutes les potentialités de ce récit, populaire, certes, mais inspiré et bien mené. Il utilise aussi la théorie de l'éther, déjà datée, réfutée depuis. Sa conclusion ensoleillée est une constante presque unanime dans les traitements du thème.

Une variante concernant non la Terre mais Mars est exploitée dans *The Sands of Mars* (tr. *Les Sables de Mars*, 1951) par l'écrivain britannique Arthur C(harles) Clarke (1917-2008). Un vieil auteur de SF s'embarque comme reporter dans le vol inaugural de l'Arès, premier transporteur spatial de passagers. Les deux premiers cinquièmes du roman relatent son voyage et les deux suivants sa découverte de la planète rouge, chacune de façon assez didactique. Dans son atmosphère très raréfiée vivent de petites plantes non chlorophylliennes et de rares animaux ; des dômes pressurisés abritent les colons. Le dernier cinquième est consacré aux perspectives d'un changement spectaculaire.

Exécuté à l'insu de la Terre rechignant à financer une colonie estimée ruineuse et à lui concéder trop d'autonomie, le projet Aurore consiste à bombarder le satellite Phobos pour y déclencher une réaction nucléaire entretenue par une résonance de mésons. L'étoile miniature brûlera un millénaire et non seulement réchauffera Mars, mais accélèrera la prolifération d'un végétal endémique qui n'avait jusqu'ici que la rare lumière solaire pour décomposer en oxygène l'oxyde de fer du sable. Ainsi se formera une atmosphère plus dense et respirable d'ici à cinquante ans. À la longue, Mars pourra accueillir bien davantage d'humains, se passer du secours de la planète mère et rejeter sa tutelle.

Le nouveau soleil est donc synonyme de développement pour une planète et de liberté pour ses colons. Et le vieil auteur — en qui s'anticipait A.C. Clarke ? — y puise une illumination intérieure et une certaine jeunesse : Mars devient sa patrie, dont il plaidera la cause auprès de la Terre, placée devant le fait accompli et redoutant déjà d'être dépassée par sa colonie, thème historiquement vérifié et récurrent dans la SF. Le roman relève de la veine didactique déguisée d'A.C. Clarke. Sans illusions, il y doutait déjà des prétentions de tels ouvrages. Et, de fait, les révélations des sondes spatiales les ont démenties. Mais il n'a pas réactualisé celui-ci. Il en reste l'aspect humain souvent exalté dans le reste de son œuvre.

Son compatriote Ron (Rowland) Turner (1922-98) en tira *The Diemos* (sic) *Deadline* (tr. *Aventures sur Deimos*, 1954), brève bande dessinée où, pour réchauffer Mars et extraire l'oxygène de son sol, est lancée la réaction en chaîne du cœur en uranium d'une de ses lunes. Or des êtres discoïdes enlacent de leurs tentacules les antennes du réacteur, en absorbant l'énergie. Le trio laissé sur place en surveillance les repousse à grand-peine malgré un arsenal impressionnant. La fusée décolle comme la surface bouillonne. Deimos resplendit, prometteur. Une histoire sans prétention que rehaussent des décors et une machinerie d'un réalisme complexe, en dépit d'un dessin assez hâtif par rapport aux meilleures œuvres de l'artiste.

Comme J. Williamson, le poète et nouvelliste californien Clark Ashton Smith (1893-1993) évoque une Terre à la surface congelée. *Phoenix* (tr. *Tel Phénix*, 1954) se passe à une époque lointaine où le Soleil s'est refroidi. L'humanité a conservé presque toute sa technologie, mais une stérilité progressive la frappe ainsi que la faune et la flore qui garnissent ses cavernes. Ces conditions ne leur conviennent pas. Réduite à quelques milliers d'individus issus de toutes les anciennes races, elle tente de raviver son étoile par des bombes combinant calcium, sodium, hélium, hydrogène, soufre, etc., héritage des dernières guerres. L'auteur connaissait les raies du spectre solaire, mais ignorait le rôle de la fusion nucléaire.

Phoenix est une nouvelle romantique à la langue poétique. Un jeune membre de l'expédition, Hilar, a promis à sa fiancée Rodis de lui revenir. Il tient parole, mais sous forme de rayonnement. Car, pour des causes inconnues, le bombardier spatial n'a pu s'arracher à l'attraction solaire. L'équipage s'est sacrifié en se faisant sauter avec son chargement dans un de ses immenses volcans. Ici, donc, l'embrasement de l'astre n'est pas que le symbole de la renaissance humaine, mais un gage d'amour, ce qui caractérise ce récit plus que sa justification scientifique, laborieuse, caduque et superflue. Sans doute écrite bien avant sa publication, cette charmante histoire conserve pourtant sa tonalité épique.

Dans un registre plus vigoureux, *Ceux de Nulle Part* (1954) de Francis Carsac, premier publié des sept romans du préhistorien français François Bordes (1919-81), rappelle le style d'Edmond Hamilton tout en étant mieux écrit et un peu plus subtil. Enlevé par une soucoupe volante, un Terrien participe à la guerre millénaire opposant la Ligue des Mondes Humains menée par les Hiss aux Misliks, êtres métalliques que tuent la lumière et la chaleur et qui éteignent les étoiles partout où ils s'installent. Insensible à leur rayonnement nocif pour la vie protoplasmique, il est pris pour le sauveur d'une ancienne prophétie. Il gagne aussi l'amour d'une belle fille, membre de la seule autre espèce immunisée.

Le dernier tiers du roman conte l'offensive contre les Misliks, avec qui nulle entente ne semble possible. Ils ont conquis une galaxie entière, anéantissant d'innombrables civilisations, comme le révèle une expédition au cœur de celle-ci, et se rapprochent dangereusement de la Ligue des Mondes Humains. Plusieurs étoiles sont menacées. Les Hiss testent alors sur l'une d'elles une bombe pour la rallumer ou plutôt la faire exploser. Le Terrien joue un rôle essentiel, seul capable de la manipuler sur sa croûte refroidie à la pesanteur écrasante. La fabrication en série commence et les embrasements progressent malgré la riposte ennemie. La croisade photonique durera sans doute des millénaires.

Ceux de Nulle Part s'inscrit dans un manichéisme opposant la lumière aux ténèbres. C'est d'ailleurs, très simplifiée d'après l'auteur, la religion des Hiss. Un démarquage du mazdéisme à l'échelle galactique. Ici, l'embrasement stellaire implique la vie pour les intelligences protoplasmiques et la mort pour les Misliks. Toutefois, même à l'égard de ces derniers, l'incompatibilité est loin de prendre la coloration bêtement raciste qui marquait alors la SF états-unienne. Rencontrant un prisonnier ennemi, le Terrien détecte en lui des sentiments humains à défaut d'amitié. Il donne une dimension héroïque à ce space opera darwinien de facture classique, mais nuancé.

CONTINUATEURS ET TÂCHERONS

Mentionnons en passant deux romans marginaux. Le premier, *Erde ohne Nacht* (*Terre sans Nuit*, 1956), est de H.L. Fahlberg, pseudonyme du vulgarisateur scientifique est-allemand Hans Werner Fricke. Une matière fissile inconnue est découverte sur la Lune. Celle-ci est alors bombardée, mais seule une partie fait l'objet d'un embrasement nucléaire qui s'ajoute au rayonnement solaire. La réaction étant limitée, elle doit être ravivée périodiquement en fonction des saisons de la Terre. Ainsi sont rendus habitables et exploitables ses territoires glacés. L'opération est financée par trente-cinq états malgré l'opposition des États-Unis. Un exemple typique d'une SF technologique un peu lourde promue par les états communistes.

Aussi alambiqué, le second roman, *Wolfbane* (tr. *La Tribu des Loups*, 1957), a pour auteurs les États-uniens Frederik Pohl & Cyril M. Kornbluth (1923-58). Il y est question d'une planète vagabonde qui a capturé la Terre et la Lune en 2027 pour les entraîner hors du Système Solaire, condamnant la majorité de l'humanité. Pourtant, les extra-terrestres, auteurs invisibles de ce rapt, ne visent pas son extinction, car ils intègrent ses individus à leurs ordinateurs géants. Ils ont donc transformé une partie de la surface lunaire en un soleil qui éclaire chichement le globe et dont ils ravivent les feux chaque lustre. Au 46ᵉ renouvellement, les Terriens ne sont plus qu'une dizaine de millions. Une minorité, les Loups, se révolte avec succès.

Sommet du space opera échevelé, *Galactic Year* (*L'Année Galactique*, 1957), est une histoire de sur-hommes d'un nouvelliste britannique mineur, surtout actif de 1947 à 1963, E(rnest) R(ayer) James. Le théâtre en est la Galaxie où l'humanité a atteint les limites de son espace vital. Rares sont les étoiles pourvues de planètes terriennes et son empereur craint que la chasse aux restantes suscite des conflits. Il veut donc en créer de nouvelles. En 3457, année galactique, il fait appel à des mutants aux pouvoirs télékinétiques quasi-divins. Il n'y en a que vingt, *« produits par une force cosmique qui a atteint son summum grâce à l'explosion de cycles dans certaines zones. »* Or tous sont stériles sauf un.

Celui-ci a engendré avec une humaine un fils, héritier et transmetteur potentiel de ses pouvoirs. Or un autre mutant, jaloux, fait tuer le couple, mais échoue avec leur progéniture. Élevé en secret, Lann affronte son destin une fois adulte. L'empereur lui impose un rôle-clef dans un groupe où les uns condenseront des nuages de poussière cosmique en une étoile de type G et d'autres susciteront des planètes terriennes. Le jeune génie déploie ses talents inexploités, crée un double du Système Solaire et, classiquement, sauve la Galaxie. Mais la fable n'est guère convaincante : l'opération aurait dû prendre des dizaines de millions d'années. Son grandiose tient plus de la mégalomanie ou de la poésie que de la rationalité.

Trois bandes dessinées pâlissent en comparaison. La première, *Bodyguard from Space !* (*Le Garde du Corps de l'Espace !*, 1958), de Gardner Fox (1911-86) pour le texte et Carmine Infantino (1925-2013) pour le dessin, comprend six planches. C'est un produit états-unien typique des années 1950 à 1970 où voisinaient dans un même fascicule plusieurs récits complets courts destinés aux écoliers, en général assez naïfs et schématiques, mais parfois complexes et astucieux comme celui-ci. Le thème s'y invite latéralement : Jim Carson se retrouve soudain doté d'un garde du corps extra-terrestre qui lui sauve la vie chaque fois qu'il la met en danger : il détient à son insu des informations vitales pour la planète Klysistron.

Son protecteur lui explique que son étoile s'éteint pour avoir brûlé tout son F-345-TX et que les milliers d'astronefs en quête de cet élément sont rentrés bre-douilles. Sauf celui lancé vers la Terre, qu'il a retrouvé avec le corps du pilote. Mais, avant de mourir, il a eu le temps d'implanter un message télépathique dans l'es-prit du Terrien. Celui-ci finit par le vocaliser : le pros-pecteur a découvert un filon indétectable, car trop pro-fondément enfoui et a indiqué où. Une quantité suffi-sante est extraite et, peu après, Jim Carson observe au télescope l'illumination du soleil de Klysistron, conclusion hautement risible vu qu'il se situe à trois milliards d'années-lumière. À ce détail près, un scénario intéressant, mais un dessin assez peu élaboré.

La deuxième, *Le Soleil n'éclaire plus la Terre* (1958), plus longue, de l'Espagnol Fernando Fernández (1940-2010) fait partie d'une série publiée anonymement par un éditeur français. Les héros en sont le fringuant capitaine-pilote Ray Comet de la police de l'espace et la dynamique journaliste Diana Trenton au XXVIe siècle. Celui-là se réveille un millénaire plus tard sur une Terre bouleversée par la technologie : elle possède un second satellite, mais lumineux. Un vieux savant lui explique que vers son époque le Soleil se refroidit puis se raviva, mais qu'entre temps s'y substitua un astéroïde arraché à son orbite et transformé en fournaise atomique. Il le charge de changer le passé.

Le lendemain, le capitaine croit avoir rêvé. Mais le Soleil se refroidit et surgit — comment ? — l'étoile de substitution. Or ses propriétaires exigent un prix annuel exorbitant et, en avertissement, l'éteignent. La Terre cède au chantage. Dans leur astronef, les deux héros découvrent que les habitants de Sirius III alimentent le satellite en matière fissile et ont entouré le Soleil d'un voile qui intercepte ses rayons — nul ne l'avait donc détecté ? Ils capturent le couple. Évadé, celui-ci dénonce le complot. Sirius III est traduite devant le conseil galactique. Cette œuvre de jeunesse d'un réalisme sommaire ne préfigure guère le talent éclatant de l'artiste et le scénariste anonyme n'est guère convaincant.

La troisième, *Die neue Sonne* (*Le Nouveau Soleil*, 1959), du pionnier de la bande dessinée est-allemande Hannes Hegen (barth) (1925-2014), relève d'une autre tradition. Dans un style naïf et humoristique, mais bien maîtrisé, ce récit complet fait partie des aventures de l'équipage d'un grand astronef en mission d'exploration. Ainsi arrive-t-il sur une planète dévastée par une guerre nucléaire et orbitant autour d'une étoile mourante. Mais il découvre que la défunte civilisation avait mis au point un mini-soleil pour y suppléer. Il le lance et le fait exploser. Puis il repeuple sa surface rendue habitable avec des espèces animales qu'il transportait dans ses soutes et reprend sa mission civilisatrice. C'est moral et didactique.

C'est encore plus vrai d'un roman un peu lourd relevant de la tradition de l'anticipation utopique : un personnage contemporain sort d'un long sommeil et découvre combien le monde a changé. La SF soviétique l'a annexée et répandue après 1945 dans sa zone d'influence en vue d'une apologie du communisme et de ses futurs bienfaits. Ainsi Alexandre Alexandrovitch se réveille-t-il en 2107 d'une léthargie de 150 ans dans un monde uni, pacifié, heureux et amélioré grâce aux conquêtes de la science, à l'évidence débarrassé du capitalisme. C'est ce qu'illustrent Youri Pavlovich Safronov (1928-2001) & Svetlana Alexandrovna Safronova dans *Внуки наших внуков* (*Les Petits-Enfants de nos Petits-Enfants*, 1959).

Dans ce paradis communiste, typique de la SF russe d'alors, tout n'est pourtant pas parfait : l'accumulation des glaces au Pôle Sud menace de faire basculer la planète sur son axe, théorie en vogue à l'époque de la rédaction. Le Conseil Économique Mondial finance donc le projet d'un mini-soleil pour le dégeler. L'éveillé est associé à l'entreprise malgré son savoir obsolète. Les premiers essais ont lieu sous la terre, mais endommagent les installations. Il est d'abord question de les poursuivre sur la Lune, mais c'est encore trop proche. Ils sont donc menés sur Vénus, planète où foisonne une vie respirant du gaz carbonique, et finissent par être couronnés de succès : l'énergie produite est contenue et stabilisée.

Les chapitres finaux narrent le lancement du mini-soleil et de miroirs spatiaux géants pour orienter ses rayons sur l'Antarctique, la fonte des glaces, la découverte de squelettes d'humains préhistoriques et de vestiges d'une expédition extra-terrestre. Dans l'épilogue, la partie la plus lyrique, le continent est couvert d'une végétation luxuriante et mis en valeur par des colons. Le procédé se répète aux pôles de Mars. Selon la morale typique de l'époque, l'homme doit améliorer la nature pour s'y insérer. C'est le traitement le plus complet du thème. Mais, dans leur enthousiasme, les auteurs ont oublié que l'eau libérée élèverait significativement le niveau des mers et perturberait gravement le climat de toute la planète...

Dans un autre space opera, *The Sun Creator* (*Le Créateur de Soleils*, 1959), cette opération s'est banalisée, du moins à l'échelle planétaire. Ce court roman du prolifique Britannique Kenneth Bulmer (1921-2005), signé Nelson Sherwood, évoque un futur où l'humanité s'est scindée en branches rivales. Misogynie de l'auteur ? — Mabel, une bombe terrienne de modèle 2, doit embraser une planète d'une étoile mourante pour rentabiliser et rendre habitables les dix autres, opération plus que discutable dans la mesure où, le nouveau soleil n'occupant une position ni stable ni centrale, l'efficacité de son rayonnement varierait trop en fonction de sa trajectoire orbitale et de celles de ses tributaires.

L'astronef convoyant Mabel naufrage sur Greensleeves suite à une « tempête magnétique interstellaire ». Elle est secrètement récupérée, ainsi que l'équipage dont le capitaine est torturé, par des envoyés de N'Gona, un empire ennemi. Celui-ci est disposé à sacrifier les cent millions d'habitants de la planète qu'il dispute à la Terre pour l'en déposséder et la discréditer. Mais l'enquêteur terrien intercepte le vaisseau n'gonien en fuite et menace l'ambassadeur de le ramener au sol. Il attaque l'ambassade et désamorce la bombe in extremis. Datant des débuts de la carrière de l'auteur, ce court roman est avant tout un récit d'action fertile en rebondissements, amusant, mais hâtivement rédigé et peu élaboré.

Relèvent de cette veine trois œuvrettes françaises, et d'abord *L'Étoile de Goa* (1961) de Jean Lombard, un des 78 romans de SF signés Max-André Rayjean. Génie mégalomane, Goa agrège un nuage de gaz sidéral et y déclenche une réaction nucléaire pour créer l'étoile Aog. Croisant sa trajectoire, les habitants du système d'Agel lancent contre elle l'anti-étoile Kâ. Ils capturent Goa, mais son aide robotique détruit Kâ. Enfin, la police spatiale détruit Aog et son créateur tombe victime d'entités gazeuses. Avec un tel scénario et un peu d'inspiration, un auteur moins médiocre aurait rendu au moins lisible ce space opera bêtement scientiste où le grandiose du thème pâtit d'une rare platitude de style et d'imagination.

C'est presque aussi vrai de *Le Soleil s'éteint* (1965), de B. R. Bruss, pseudonyme de René Bonnefoy (1895-1980), auteur estimable à ses débuts, mais qui s'enlisa, comme ici, dans la routine. Au XXVIe siècle, l'humanité a essaimé dans les étoiles, mais a muté en espèces ennemies. Et surtout le Soleil s'est refroidi, obligeant les Terriens à vivre dans des cités souterraines. En 2513, il entame une séquence d'extinction définitive. Seul remède : le bombarder d'antimatière. Or la lointaine Constellation Alpha en est composée. Le roman conte cette quête stellaire à travers des planètes en guerre. Une poignée d'astronautes courageux finira par se procurer les astronefs capables d'atteindre le précieux explosif et de le ramener.

Rien qu'une Étoile (1966) de Maurice Limat (1913-2003), autre prolifique tâcheron, touche le fond. Le Grand Sombre, fléau de nature et d'origine inconnue, s'étend dans la Galaxie, éteignant les étoiles, menaçant les colonies humaines. Une rescapée de la Terre atteint une planète bourrée de réfugiés avec la solution : faire s'entrechoquer deux soleils pour les rallumer. Mais elle s'applique surtout aux systèmes doubles. Finalement, la collision avec une comète providentielle suffira. Entre temps, les protagonistes vivront des aventures échevelées causées par la rivalité de deux astronautes pour les beaux yeux d'une bombe sexuelle. Un space opera d'une extrême naïveté, vaguement inspiré de *Ceux de Nulle Part*.

Plus intéressant que les trois romans réunis, *Я иду встречать брата !* (*Je vais rencontrer mon Frère !*, 1962) de Vladislav (Pétrovitch) Krapivine est une nouvelle romantique et généreuse de l'ère soviétique. Considéré comme perdu, le Magellan est revenu au bout de trois siècles. Posé sur une planète mal réchauffée par son étoile, l'équipage avait converti les deux tiers de son carburant fissile en quatre petits soleils pour la dégeler. Le quatrième ayant échoué, un des cosmonautes était même mort en le déclenchant manuellement. Se sachant incapables d'atteindre la vitesse suffisante, tous avaient accepté de passer 250 ans en anabiose pour offrir à la Terre un monde neuf. Exaltation typique, peut-être sincère, de l'abnégation communiste.

Das Geheimnis des Transpluto (*Le Secret de Transpluton*, 1962), un des deux romans de SF de l'Est-Allemand Lothar Weise (1931-66), raconte l'expédition du Constantin Tsiolkovski à Transpluton, orbitant à 11 600 millions de kilomètres du Soleil. Peuplée d'humanoïdes issus d'une planète disparue entre Mars et Jupiter, elle est éclairée par une petite étoile artificielle. Celle-ci explose au cours du conflit entre états capitalistes et communistes auquel participe l'équipage, sitôt remplacée par une neuve après la victoire de ces derniers. Entre-temps, ce récit, assez lourd et didactique selon le modèle soviétique imposé, concerne surtout les rapports des Terriens (dont l'un est un espion capitaliste) avec les Transplutoniens et leur société.

LES MODERNES

La sophistication d'un thème est souvent un indice de sa maturation. Ainsi de *Septinių Žvaigždžių Žvaigždyne* (tr. *La Constellation aux Sept Étoiles*, 1972) de Vytautas Norbutas (1939-1991), écrivain lituanien de SF connu pour deux romans (dont un de parution post-soviétique) et un recueil de nouvelles. Mêlant super-science et mythologie, celle-ci est entrecoupée d'extraits du *Prométhée Enchaîné* d'Eschyle, indice d'une culture classique que confirment ses autres écrits. Le Soleil se refroidissant, Zeus propose aux membres de l'Assemblée Mondiale d'émigrer dans une comète, de construire un vaisseau géant ou d'allumer un soleil miniature. Mais Prométhée, qui aime l'humanité, refuse de l'abandonner.

Seul l'astronium peut raviver le Soleil. Le Système Solaire en manque, mais pas Altaïr. Prométhée part donc avec Héphaïstos, utilisant les dernières réserves d'antimatière pour la propulsion. Il plonge dans la chromosphère de l'étoile, mais, le prélèvement effectué, le carburant est trop limité pour deux passagers. Prométhée demande à son équipier de le tuer avant d'emporter le chargement. Il refuse et le laisse sur une planète, sous la garde d'un aigle en métal, concession un peu forcée au mythe grec. Une paraphrase curieuse, plus littéraire que scientifique, tirée par les cheveux, mais évocatrice et bien écrite, de la légende de Prométhée qui, contre la volonté de Zeus, donna la lumière aux hommes et en fut puni.

Inheritance (*Héritage*, 1973) est par contre un médiocre roman de l'États-Unien Robert Wells où des conquérants galactiques ont doté d'un soleil artificiel la planète Thétis, colonisée par les humains et lâchée par son étoile naturelle. Mais six siècles après, ils ont reflué, vaincus par une maladie incurable. À la fin, seuls restent quatre survivants qui ont perdu beaucoup du savoir ancestral et la population a sombré dans la barbarie. Or leur luminaire donne d'alarmants signes de faiblesse et ils ignorent comment y remédier. C'est surtout le récit de leur expédition vers une cité perdue dépositaire de l'ancienne technologie et des péripéties pour y parvenir. Ils y trouvent la machinerie intacte et lancent dans l'espace une décharge d'énergie régénératrice.

Autre produit des anciens pays de l'est, *Stunde der Ceres* (*L'Heure de Cérès*, 1975), de l'Est-Allemand Wolf Weitbrecht (1920-87), auteur de quatre romans et de nombreuses nouvelles, est beaucoup plus classique et consensuel dans le cadre d'un réalisme socialiste plus strict. C'est la suite d'*Orakel der Delphine* (*L'Oracle des*

Dauphins, 1972), où un couple de cosmonautes, les Huber, découvre que dans l'antiquité des visiteurs extra-terrestres gravèrent un message en cunéiforme sumérien dans le cerveau des dauphins. Ils enjoignaient l'humanité à rejoindre la fraternité galactique quand elle sera assez évoluée (probable influence d'Ivan A. Efrémov) et, pour ce faire, à créer un nouveau soleil comme signal.

Ce space opera se passe au XXIe siècle, où débute la colonisation du Système Solaire, où l'Est et l'Ouest cohabitent et où la langue internationale est l'interlingua. Tom, le fils Huber, propose de transformer Cérès, le plus gros astéroïde (780 km de diamètre), en sphère de plasma pour lancer le signal aux extra-terrestres et réchauffer Mars. Arthur A. Parker, un capitaliste canadien qui vise l'hégémonie mondiale, envoie son astronef personnel, l'Eternity, transportant une bombe à antimatière et des cyborgs sans maîtriser cette technologie. Cérès s'embrase prématurément, détruisant son vaisseau. Parti pour l'intercepter, Tom Huber succombe aussi avec la majorité de son équipage.

Datant des débuts de l'auteur, ce roman est assez discutable dans la mesure où le rayonnement de Cérès ne pourrait être efficace qu'au moment où il s'approcherait de Mars. Les personnages y sont manichéens à l'excès : le héros idéaliste et positif qui n'hésite pas à se sacrifier contre le capitaliste mégalomane et sans scrupules. Il est en effet marqué par le réalisme socialiste : l'empire de A. Parker s'effondre après sa tentative, préludant à la fin du capitalisme. Coïncidence troublante, une base extra-terrestre surgit du fond de la mer, ayant capté le signal. La Terre reçoit alors la promesse d'être accueillie dans le Grand Conseil Galactique. Ainsi l'illumination se révèle-t-elle à la fois physique et politique.

Dernier produit des pays de l'Est, mais plus romantique, *Счаmьe* (tr. *Bonheur*, 1976) a pour auteur le Russe Ascold Yakoubovski (1927-83), connu pour quelques nouvelles de SF. Éric est l'ingénieur qui a dirigé l'opération consistant à propulser une masse de matière à travers une série de lentilles magnétiques pour la charger en énergie jusqu'au centre d'une étoile en extinction. Il a ainsi sauvé sa seule planète colonisée, mais a péri dans l'embrasement, entrant dans la légende. À chaque aube, sa fiancée revoit sa chevelure rousse dans les protubérances et lui demeure fidèle. Une illustration bien soviétique du culte du héros et du sacrifice pour la collectivité, doublée de celle, plus lyrique, de l'amour éternel (et solaire).

Le thème rejoint celui de l'invasion extra-terrestre dans *Star-Maker !* (*Créateur d'Étoile !* 1978), un des derniers épisodes de la série *Jeff Hawke*, bande dessinée sobre au trait classique du Britannique Sydney Jordan. Les habitants cristallins d'une planète glacée doivent émigrer. Celle-ci est menacée de réchauffement par l'approche d'une comète qui dérangera l'équilibre de leur système solaire. Aussi convoitent-ils la Terre. En effet, en ce dernier quart du XXIe siècle, elle se remet d'un cataclysme au terme duquel la glace l'a presque entièrement recouverte. Une boule de feu solaire a frappé la Lune dont des fragments ont formé un anneau. Et, surtout, l'orbite terrestre s'est élargie (!).

Après une démonstration de force, les envahisseurs proposent aux Terriens la jouissance d'une bande équatoriale tempérée tandis qu'ils occuperont le reste. La riposte arrive avec le déclenchement d'une réaction en chaîne dans l'hélium et l'hydrogène de Jupiter. Désormais transformé en étoile, il fait fondre la surface de ses satellites et réchauffe celle de la Terre, la rendant impropre aux extra-terrestres — du moins quand elle s'en rapproche. S'avouant vaincus, les étrangers repartent avec en cadeau les plans de la bombe solaire, dans l'espoir de l'utiliser pour résoudre leur problème. Cette histoire bien dessinée, mais un peu superficielle, est la seconde d'inspiration militaire.

A.C. Clarke l'avait peut-être lue dans son quotidien, car Jupiter connaît le même sort dans son roman *2010 : Odyssey Two* (tr. *2010 : Odyssée Deux*, 1982), suite de *2001 : A Space Odyssey* (tr. *2001 : L'Odyssée de L'Espace*, 1968), adaptation du film éponyme de Stanley Kubrick dont il est le scénariste. Le vaisseau russe Léonov part avec deux invités états-uniens pour la géante gazeuse près de laquelle orbitent toujours le Discovery et le monolithe géant qui a propulsé l'astronaute Dave Bowman chez des entités surhumaines. Avant d'enquêter sur l'échec de sa mission, l'expédition capte le message final du survivant d'un astronef chinois détruit par des créatures vivant sous la banquise du satellite Europe.

L'esprit de Bowman prévient les astronautes qu'ils doivent partir d'ici à quinze jours. Ils accrochent le Discovery au Léonov pour bénéficier de ses moteurs, puis l'abandonnent. Envahi de millions de monolithes qui transmutent son hydrogène en éléments lourds, Jupiter devient étoile. Avant d'être vaporisé, l'ordinateur Hal 9000, réactivé, transmet à la Terre : « *Tous ces mondes sont à vous, sauf Europe. N'essayez pas de vous y poser.* » Les entités ont réchauffé le satellite pour favoriser l'évolution de ses habitants, comme jadis celle des préhumains. L'auteur a bien amélioré sa technique depuis *The Sands of Mars*, mais sans retrouver son souffle des années 1950, 1960 et même 1970.

Peter Hyams en a tiré le film *2010 : The Year We Made Contact* (tr. *2010 : L'Année du Premier Contact*, 1984), pari audacieux, perdu faute de génie malgré un gros budget et de bons effets spéciaux. Il n'ajoute guère au chef-d'œuvre de S. Kubrick et au roman d'A.C. Clarke. Cependant, l'embrasement de Jupiter, rebaptisé Lucifer, c'est-à-dire porteur de lumière, implique ici non seulement l'illumination intérieure chez les extra-terrestres, mais la paix et le retour à la raison pour l'humanité. En effet, la troisième guerre mondiale qui vient d'éclater cesse brusquement quand l'éclat du second soleil atteint la Terre. Un optimisme inattendu dans le contexte de la guerre froide pour un film un peu morne.

The Shadow of the Torturer (tr. *L'Ombre du Bourreau*, 1980), *The Claw of the Conciliator* (tr. *La Griffe du Conciliateur*, 1981), *The Sword of the Lictor* (tr. *L'Épée du Licteur*, 1982) et *The Citadel of the Autarch* (tr. *La Citadelle de l'Autarque*, 1983) de l'États-Unien Gene Wolfe décrivent sous le nom d'Urth la Terre d'un très lointain futur au Soleil rouge, menacée de glaciation. Beaucoup de sa technologie s'est perdu, malgré la résurgence de reliques souvent pittoresques, et son passé l'obsède, d'où une terminologie fleurie. C'est l'histoire de Severian, orphelin pourtant destiné à sauver la planète. Ainsi atteindra-t-il le rang suprême d'Autarque au bout d'aventures picaresques. Il s'intègre à la fresque d'un monde cruel et décadent.

Un cinquième roman (en plus de nouvelles) complète la tétralogie, *The Urth of the New Sun* (tr. *Le Nouveau Soleil de Teur*, 1987), où Severian, démissionnaire, monte sur un voilier stellaire dans lequel coexistent divers niveaux de réalité. Il y rencontre

Tzadkiel, une entité quasi divine qui lui impose des épreuves. Il en rapporte une fontaine blanche, l'inverse d'un trou noir, dont le jaillissement forme un nouveau soleil. Pourtant, la planète n'en semble guère révolutionnée. Est-ce si étonnant ? Elle a tout vu, tout connu, et ne demande qu'à continuer sans changer ? Severian lui-même, malgré tous ses efforts, y voit-il sa consécration ? D'ailleurs, qu'y gagne-t-il ? L'auteur a-t-il prolongé sa série dans un simple but financier ?

DERNIERS DÉVELOPPEMENTS

L'embrasement stellaire est l'enjeu de *Half a Life* (tr. *La Moitié d'une Vie*, 1991) de Les Landau, téléfilm assez terne de la série états-unienne *Star Trek The Next Generation* (tr. *Star Trek Nouvelle Génération*). L'astronef Enterprise participe à la tentative de raviver une étoile mourante. La torpille à photons la déstabilise et elle explose. Le professeur Timicin de Kaelon II, dont le soleil agonise, pense réussir la prochaine fois. Or, chez les siens, la règle est de se suicider à 60 ans et son heure approche. Va-t-il compromettre l'avenir de son monde en s'y soumettant ? Oui, finalement, devant l'intervention de la flotte de sa planète qu'entraîne sa demande d'asile auprès du capitaine Picard. De la force suicidaire des traditions...

La réhabilitation stellaire est maintenant au point dans le téléfilm d'Alexander Singer *Second Sight* (tr. *Double Vue*, 1993), épisode de la série *Deep Space Nine*, autre extension de *Star Trek* (tr. *Star Trek*). Son cadre est une immense station spatiale du XXIVe siècle qui contrôle les abords d'un vortex stratégique permettant de voyager plus vite entre les Quadrants Alpha et Gamma. Benjamin Sisko, son commandant, en est un personnage récurrent. Il tombe amoureux de Fenna, belle inconnue qui apparaît et disparaît (littéralement). Or c'est le sosie de Nidell, l'épouse extra-terrestre de l'ingénieur Gideon Seyetik dont le vaisseau Prometheus (nom révélateur) vient d'accoster pour remplir sa mission.

Dans son immodestie, Seyetik, annonce son chef-d'œuvre : rallumer une étoile morte avec de la protomatière qui en changera le carbone et l'oxygène en hydrogène élémentaire. Tout à son projet, il délaisse son épouse. Or, chez elle, les gens se marient pour la vie. Dans sa détresse, elle tombe dans un coma fatal et projette inconsciemment un double. Sisko révèle à Fenna sa nature et, la mort dans l'âme, lui demande de réintégrer son original, car, qu'il vive ou non, elle est vouée à disparaître. Peu après, l'ingénieur accompagne la charge explosive et, dans sa mégalomanie, meurt purifié par le feu en s'écriant : « *Que la lumière soit !* » Délivrée, Nidell regagne sa planète. Un mélange thématique curieux et complexe.

Le thème se dilue fortement dans *To Save the Sun* (*Sauver le Soleil*, 1992) et sa suite *To Fear the Light* (*Craindre la Lumière*, 1994), épais et fastidieux roman en deux tomes des États-Uniens Ben(jamin) Bova et A.J. Austin. Dans l'Empire des Cent Mondes, la Terre est une planète arriérée et dépeuplée. Mais elle sert toujours de référence au reste de l'humanité qui vérifie ainsi sa conformité avec la norme génétique de ses ancêtres. Or le Soleil va prématurément quitter sa séquence principale et carboniser la surface. Il conviendrait d'en évacuer la population. Mais elle perdrait son rôle d'étalon et son prestige sentimental. La jeune astrophysicienne Adela de Montgarde propose à l'empereur de raviver les feux de l'étoile.

Non seulement elle le convainc, mais donne un enfant à son futur successeur. Il transfère sa capitale sur la Lune. Or ce sauvetage engage d'énormes forces économiques pour des siècles, d'où des meurtres en série, dont un régicide. Il s'agit de transférer dans le Soleil l'énergie d'une étoile jeune par l'intermédiaire d'un trou de ver, ce qui fournit accessoirement à l'humanité le moyen de voyager plus vite que la lumière. Si bien qu'au bout de deux siècles, le fils d'Adela règne sur un empire presque ingouvernable tellement il s'est distendu. Tous deux affrontent avec succès les dernières oppositions plus au moins liées au plan. Le roman est en fait un nœud d'intrigues. L'auteur ne semble se rappeler qu'au dernier chapitre l'enjeu solaire.

Le procédé s'est banalisé dans *Hidden Empire* (tr. *L'Empire Caché*, 2002), premier tome d'une heptalogie (plus un prologue) de Kevin J. Anderson, adepte états-unien des grandes sagas. Il s'ouvre sur l'embrasement d'une géante gazeuse à la masse insuffisante pour déclencher une réaction thermonucléaire. Un empire terrien oligarchique veut en effet en rendre habitables et exploitables les quatre satellites. Le procédé, hérité d'une espèce disparue, consiste à transférer par un trou de ver une étoile à neutrons super-dense au cœur de la planète Oncier pour que cette dernière s'effondre et s'enflamme. Le nouveau soleil ne rayonnera que cent mille ans, mais c'est surtout une démonstration de force devant les autres intelligences galactiques.

Ce roman constitue une fresque haute en couleur des diverses sociétés composant un bras de la spirale galactique et de leurs relations. L'embrasement d'Oncier constitue la digne amorce des volumes suivants : ainsi sont anéantis ses habitants, membres d'une espèce pensante ignorée répandue sur bien d'autres géantes gazeuses qui ordonne à l'humanité de s'écarter de toutes définitivement. Comme est extrait des couches supérieures de leur atmosphère le carburant de ses astronefs, la guerre éclate et s'étend à d'autres extra-terrestres. Le reste de l'heptalogie retentit de batailles spatiales, de planètes désintégrées ou réduites en soleils et d'extinctions d'étoiles. Du space opera surdimensionné, mais bien mené.

Le comble de la sophistication s'exprime dans *The Star Necromancers* (*Les Nécromants d'Étoiles*, 2007), une des premières nouvelles du Britannique Alexander Marsh Freed. Dans un très lointain futur, la Terre a substitué à son Soleil éteint trois lunes artificielles ; son climat et son écologie sont contrôlés. Une forme d'humanité perdure, dont l'essence est sublimée et archivable. Chacun s'incarne à volonté en un avatar ou plus. Il les modèle en chair et/ou en matière inerte selon ses besoins esthétiques ou utilitaires et les munit de sens et de pouvoirs lui dispensant une maîtrise et une perception surhumaines. Le narrateur a cinq parents qui ont manipulé son A.D.N. Il est le Jardinier chargé de la végétation de la planète.

La Gloriarque, suprême autorité, annonce que le Soleil va renaître grâce aux nécromants d'étoiles. Ils parcourent la Galaxie en rallumant les étoiles mortes. Selon eux, chacune a un nom qu'il faut connaître pour ce faire, car il traduit sa nature personnelle. Leur technologie capte avec leurs dernières lueurs une partie de leur âme, en relation avec son créateur. Ainsi la vie se perpétuera-t-elle quand l'entropie saisira l'univers. Mais la végétation dépérit sous ces rayons trop vifs. Dans le corps d'un surhomme, le Jardinier vole vers la machinerie des rallumeurs. Une renégate lui avoue que la Gloriarque l'a trompée pour intégrer le Soleil à son avatar. Elle l'aide, non à l'éteindre, mais à récrire son nom pour tempérer son éclat.

Cette nouvelle à l'ambiance sereine diffère du reste du corpus thématique par la négation de la glorification stellaire et de la dépendance que l'humanité, terrestre ou non, trahit envers ses seules dispensatrices de photons. La formidable technologie des nécromants, si efficace soit-elle, est raillée comme l'esclave d'un grossier mysticisme doublé de fanatisme. D'ailleurs, le narrateur infecte les sectateurs de micro-organismes qui compromettent leur œuvre future. La forme pittoresque de ce récit dense et complexe est au moins aussi ironique que poétique, accentuant la satire d'une science pervertie par la religion. L'auteur a le mérite d'y décrire une humanité adulte, exempte d'héliolâtrie et s'en portant bien.

L'humanité en est loin dans *Sunshine* (tr. *Sunshine*, 2007), film britannique de Danny Boyle qui respecte le classicisme du thème, mais sous une esthétique novatrice. En 2057, l'Icarus II s'apprête à larguer dans le Soleil une bombe pour ranimer ses feux et arrêter la glaciation affectant toute la Terre. L'astronef comporte une impressionnante ombrelle pour protéger son fuselage des radiations solaires, intenses à cette distance. Son équipage comprend huit membres plutôt jeunes, états-uniens et asiatiques, dont deux femmes, plus l'ordinateur de bord qui se manifeste par sa seule voix féminine. Les magnifiques décors intérieurs et les paysages spatiaux font largement appel à des effets spéciaux sophistiqués.

Le drame éclate près de Mercure quand est capté un message de la balise de détresse de l'Icarus I, la précédente expédition. Le déroutage cause une fausse manœuvre qui endommage le bouclier thermique. Un membre d'équipage est carbonisé par le vent solaire en le réparant ; le feu détruit aussi la serre productrice d'oxygène et de vivres. Les quatre chargés d'explorer l'épave ne trouvent que des morts et découvrent que son capitaine, un bigot obsédé par l'idée que Dieu a condamné l'humanité, les a assassinés pour compromettre la mission. Au retour, deux périssent dans l'espace, le sas mobile reliant les vaisseaux s'étant décroché. Or, une enquête montre qu'il a été saboté.

L'équipage de l'Icarus II se réduit à cinq membres. Or l'oxygène manque. Non seulement le retour vers la Terre devient impossible, mais l'un d'eux doit se sacrifier pour que les autres s'approchent du Soleil. Pourtant, malgré un suicide, l'ordinateur détecte un passager surnuméraire. Le capitaine de l'Icarus I a survécu et s'est introduit à bord. Après avoir saboté le sas, il s'attaque un par un aux survivants en dépit d'horribles brûlures. Une poursuite s'engage pendant laquelle une partie des locaux est dépressurisée. Le technicien chargé de la bombe parvient à s'y introduire et la détache du vaisseau qui se désagrège. Il la regarde atteindre le Soleil où elle explose. Dans un paysage australien enneigé, le ciel s'illumine.

En apparence, le film glorifie le Soleil dont l'orbe igné, omniprésent et obsédant, contribue puissamment à son esthétique. Tout sauf mourant, il est cruel et sans pitié, comme ces dieux exigeant des sacrifices humains en échange de leurs bienfaits. L'holocauste du vaisseau en est la contrepartie obligée. L'horrible figure écorchée du capitaine de l'Icarus I en est l'illustration pitoyable. Bien que le cinéaste stigmatise le fatalisme et le fanatisme religieux, il les approuve indirectement en la personne du médecin de l'Icarus II, véritable héliolâtre, et par l'offrande finale qui, au moins autant que la bombe, nourrit l'astre avide et restaure sa radiance. En ce sens, *Sunshine* travestit son *happy ending* de façon flamboyante.

APOLOGIE DES ÉTOILES OU DES ALLUMEURS ?

Le thème est-il mégalomaniaque ? Des races humaines ou non secourent les étoiles, les soignent ou les fabriquent quasiment dans leur arrière-boutique (N. Sherwood et M.A. Rayjean). Qui le croirait de la part de ces parasites planétaires, victimes des moindres dérèglements de leurs habitats et, bien sûr, de leur éclairage ? Prétentions des auteurs et merveilles du space opera insouciants de vraisemblance (C. A. Smith, B.R. Bruss, M. Limat, V. Norbutas et surtout E.R. James et son démiurge solaire). O. Witt ne convainc pas. Seul A.C. Clarke, scientifique de formation, tente une justification, discutable dans *The Sands of Mars*, plus admissible dans *2010 : Odyssey Two*. Oublions ces outrances faciles ou poétiques.

La mégalomanie est plus subtile avec A.M. Freed où l'assimilation du Soleil ressuscité à une personnalité déjà surhumaine dépasse la figure de style, au défi de l'imagination : l'ellipse artistique y supplée. Chez A. Singer, le réparateur d'étoile s'assimile au dieu biblique par son propre sacrifice, apothéose cathartique : à la fois punition et rédemption. Plus modeste, celui d'A. Yakoubovski jouit d'une fusion métaphorique, comme le jeune homme de C.A. Smith uni à sa fiancée sous forme de photons. Dans le film de D. Boyle, l'équipage de l'Icarus II se transfigure en l'holocauste solaire. L. Weise exalte le nouveau soleil communiste. À côté pâlissent le savant statufié de R.Z. Gallun et les héros de V. Krapivine et de W. Weitbrecht.

Les dangers de ces manipulations n'affectent pas que leurs instigateurs. J. Michel & R.Z. Gallun imaginent une expérience échappée à leur contrôle ; H.W. Graham une initiative qui tourne mal. Il est vrai qu'il n'y a pas là de planètes en danger. Pourtant, la bombe féminine de N. Sherwood est inquiétante en des mains ennemies. Le soleil satellite de F. Fernández est une création de la pègre à l'échelle interstellaire. La résurrection solaire d'A.M. Freed est intempestive. La guerre contre les Misliks de F. Carsac se traduit par l'évaporation des planètes entourant les étoiles bombardées. L'embrasement de Jupiter chez S. Jordan est une mesure offensive. C'est l'autre face de cette mégalomanie.

À divers degrés, cette mégalomanie est consubstantielle à la difficulté pour la technologie actuelle à manipuler les lois fondamentales de la physique à laquelle un hommage est aussi rendu. En ce sens, le thème exprime un optimisme extrême quant aux capacités de l'intelligence, humaine ou non. D'abord soumise aux feux stellaires, elle en devient maîtresse ou du moins réparatrice, un défi réservé aux spécialistes les plus débridés du space opera comme B. Bova et K.J. Anderson – mais ni pour F. Carsac qui y voit la solution d'une rivalité intergalactique, ni pour A.C. Clarke qui en fait l'apanage d'entités quasi-divines. Négligeons M.A. Rayjean et M. Limat qui ignorent de quoi ils parlent et n'ont même pas l'excuse de la licence poétique.

Le thème des allumeurs d'étoiles exprime la foi en la science (sauf peut-être dans *Half a Life*) aussi bien que l'inventivité face aux défis réels ou imaginaires du cosmos à ses hôtes. Alors pourquoi pas les soleils de rechange (R.Z. Gallun, J. Williamson et F. Fernández), le réchauffement des planètes (K.J. Anderson, A.C. Clarke, L. Landau, R. Turner, N. Sherwood), l'éviction d'envahisseurs (F. Carsac, S. Jordan) ? Et chez d'autres le réveil ou la création d'étoiles pour des raisons vitales, idéologiques, voire pour la gloire ? C'est plus original que l'ignition ou la glaciation de la Terre. L'intelligence et la puissance sont exaltées au moins autant que les étoiles, même si certaines expériences se révèlent imprudentes ou malveillantes.

Pourtant, une mystique solaire ou stellaire sous-tend souvent cette débauche super-scientifique. Le héros de J. Williamson parachève un pèlerinage aux cavernes ténébreuses en porteur de lumière. Celui de C.A. Smith s'identifie physiquement au Soleil renaissant et celui d'A. Yakoubovski symboliquement. C'est plus subtil et plus équivoque chez A.M. Freed. Le mutant d'E.R. James a des pouvoirs quasi-divins. V. Norbutas paraphrase un mythe civilisateur. Enfin, dans un cadre technologique, D. Boyle exécute un rite sacrificiel digne de plusieurs cultes. Même communiste, la SF ne renie pas les anciens dieux. Ils brillent toujours au firmament. Elle les a transfigurés. L'homme prétend les y égaler, voire les surpasser. Magie du genre.

25/10 – 16/11/2011
(plus rajouts en 2011, 2012, 2013, 2014, 2016 et 2017)

BIBLIOGRAPHIE THÉMATIQUE

1/ OTTO WITT : DET MYSTISKA LJUSET (Suède)

1 — Åhlén och Åkerlunds förlag, Göteborg, 1912.

2/ RAYMOND Z. GALLUN: ATOMIC FIRE (USA)

1 — Amazing Stories, avril 1931.

3/ JOHN MICHEL & RAYMOND Z. GALLUN: THE MENACE FROM MERCURY (USA)

1 — Wonder Stories Quarterly, été 1932.

4/ HOWARD W. GRAHAM: GUNS OF ETERNAL DAY (USA)

1 — Astounding Stories, juillet 1934.

5/ JOHN RUSSELL FEARN: EARTH'S MAUSOLEUM (Grande-Bretagne)

1 —Astounding Stories, mai 1935.
2—Recueil *Earth's Mausoleum*, Wildside Press, 2014.

6/ JACK WILLIAMSON: THE SUN MAKER (USA)

1 — Thrilling Wonder Stories, juin 1940.
2—Anthologie *The Giant Anthology of Science Fiction: 10 Complete Short Novels*, Merlin Press, New York, 1954.
3 — Anthologie *Race to the Stars*, Crest Paperback, New York, 1958.
4 — Recueil *Gateway to Paradise*, Haffner Press, Royal Oak, 2008.

7 / ARTHUR C. CLARKE: THE SANDS OF MARS
(Grande-Bretagne/Sri Lanka)

1 — Sidgwick & Jackson, Londres, 1951.
2—Gnome Press, 1952.
3 — Doubleday, Science Fiction Book Club, 1953 (plusieurs réimpressions).
4 — Corgi Books, Londres, 1954.
5—Pocket Books, New York, 1954.
6—Permabooks, New York, 1959.
7 — Pan Books, Londres, 1959.
8—Recueil *Prelude to Mars*, Harcourt, 1965, 1967.
Autres rééditions.

Traduction : *Les Sables de Mars* (Fleuve Noir, Paris, 1955 ;
Éd. Marabout, Verviers, Marabout Géant n° 630, 1977 ;
recueil *La Trilogie de l'Espace*, Éd. Milady, Paris, 2011).

8 / RON TURNER: THE DIEMOS DEADLINE (Grande-Bretagne)

1 — Tit-Bits Science Fiction Comics n° 3, 1954.
2 — Recueil *Tit-Bits Science Fiction Comics Complete Series*,
édition amateur (pirate ?) non précisée, 2011.

Traduction : *Aventures sur Deimos* (Aventures de Demain
n° 25, mars 1958).

9 / CLARK ASHTON SMITH: PHOENIX (USA)

1 — Anthologie *Time to Come*, Farrar Strauss & Young,
New York, 1954.
2 — Idem, Berkley, 1958.
3 — Recueil *Other Dimensions*, Arkham House, Sauk
City, 1970.
4 — Idem, Panther Books, Londres, 1977 (tome 2).
5 — Site Clark Ashton Smith, vers 2006.

Traductions : *Tel Phénix* (recueil *Autres Dimensions*, Éd. Christian
Bourgois, Paris). *Phénix* (site Clark Ashton Smith, 2006).

10/ FRANCIS CARSAC : CEUX DE NULLE PART (France)

1 — Éd. Gallimard, Paris, Le Rayon Fantastique n° 23, 1954.
2 — Recueil *Ceux de Nulle Part/Les Robinsons du Cosmos*, Éd. Opta, Paris, Club du Livre d'Anticipation n° 25, 1970.
3 — Nouvelles Éditions Oswald, Paris, Science Fiction/Fantastique/Aventures n° 208, 1988.
4 — Recueil *Œuvres Complètes*, tome 1, Éd. Claude Lefrancq, Bruxelles, 1996.
5 — Éd. Éons, Caëstre, Futurs, 2005 (éditions papier et numérique).

11/ H.L. FAHLBERG : ERDE OHNE NACHT (RDA)

1 — Das Neue Berlin, Berlin, 1956.

12/ E (RNEST) R (AYER) JAMES: GALACTIC YEAR (Grande-Bretagne)

1 — Science Fantasy n° 23, juin 1957.

13/ FREDERIK POHL & CYRIL M. KORNBLUTH : WOLFBANE (USA)

1 — Galaxy, octobre et novembre 1957 (version abrégée).
2 — Ballantine Books, New York, 1959.
3 — Gollancz, Londres, 1961.
4 — Sidgwick & Jackson, Londres, Science Fiction Book Club, 1962.
5 — Penguin Books, Londres, 1967.
Autres éditions.

Traduction : *La Tribu des Loups* (Galaxie 1ère série n° 49 et 50, décembre 1957 et janvier 1958, abrégé).

14/ GARDNER FOX & CARMINE INFANTINO: BODY-GUARD FROM SPACE! (USA)

1 — Strange Adventures n° 88, janvier 1958.
2 — Anthologie *Showcase Presents Strange Adventures 2*, DC Comics, New York, 2013.

15/ FERNANDO FERNÁNDEZ : LE SOLEIL N'ÉCLAIRE PLUS LA TERRE (Espagne)

1 — Cosmos n° 18, avril 1958 (en français).
2 — Météor n° 199, octobre 1975 (cases redécoupées) (en français).

16/ HANNES HEGEN : DIE NEUE SONNE (RDA)

1 — Mosaik n° 27, février 1959.
2 – Recueil *Reprintmappe III*, Buchverlag Junge Welt, 1994.
3 —Recueil *Mosaik Die Reise ins All*, Weltraum-Serie, 1999.
4 –Recueil *Jubileumkasette III,* 2004.

17/ Y & S. SAFRONOV: ВНУКИ НАШИХ ВНУКОВ (URSS)

1 — Molodaïa Gvardiya, Moscou, 1959.

18/ NELSON SHERWOOD: THE SUN CREATOR (Grande-Bretagne)

1 — Science Fiction Adventures, mars 1959.

19/ MAX-ANDRÉ RAYJEAN : L'ÉTOILE DE GOA (France)

1 — Éd. Fleuve Noir, Anticipation n° 189, 1961.

20/ VLADISLAV KRAPIVINE : Я ИДУ ВСТРЕЧАТЬ БРАТА! (URSS)

1 — Ouralski Sledopit n ° 8, août 1962.
2 — Recueil *Баркентина с именем звезды*, Knijnoe Izdatelsvo, Perm, 1972.

21 / LOTHAR WEISE : DAS GEHEIMNIS DES TRANSPLUTO (RDA)

1 — Verlag Neues Leben, Berlin-Est, 1962 (plusieurs rééditions).

22/ B.R. BRUSS : LE SOLEIL S'ÉTEINT (France)

1 — Éd. Fleuve Noir, Paris, Anticipation n° 260, 1965.

23/ MAURICE LIMAT : RIEN QU'UNE ÉTOILE (France)

1 — Éd. Fleuve Noir, Paris, Anticipation n° 288, 1966.

24/ VYTAUTAS NORBUTAS: SEPTINIŲ ŽVAIGŽDŽIŲ ŽVAIGŽYNE (Lituanie)

1 — Recueil *Skorpiono Ženklas*, Vaga, Vilnius, 1972.

Traduction : *La Constellation aux Sept Étoiles* (Antarès n° 24, 4ᵉ trimestre 1986).

25/ ROBERT WELLS: INHERITANCE (USA)

1 — Worlds of IF, octobre et décembre 1973.

26/ WOLF WEITBRECHT : STUNDE DER CERES (RDA)

1 — Greifenverlag zu Rudolfstadt, 1975.
2 — Volk und Welt, Berlin, 1976.

27/ ASKOLD YAKOUBOVSKI: СЧАСТЬЕ (URSS)

1 — Recueil *Купол Галактики*, Molodaïa Gvardia, Moscou, 1976.

Traduction : *Bonheur* (Antarès n° 19 bis, 1985).

28/ SYDNEY JORDAN: STAR-MAKER! (Grande-Bretagne)

1 — Daily Express, 1978 (bandes 6991 à 7103).
2 — Nombreux quotidiens anglais et états-uniens.

29/ ARTHUR C. CLARKE: 2010: ODYSSEY TWO (Grande-Bretagne/Sri Lanka)

1 — Collins, Londres, 1982.
2—Del Rey, New York, 1984.
Autres rééditions.

Traduction : *2010 : Odyssée Deux* (Éd. Albin Michel, Paris,
1983 ; Éd. J'ai Lu, Paris, Science Fiction n° 1721, 1984 ;
recueil *2001-3001 : Les Odyssées de l'Espace*, Presses de
la Cité, Paris, Omnibus, 2001).

30/ PETER HYAMS: 2010: THE YEAR WE MADE CONTACT (USA)

1 — WARNER Bros et Metro-Goldwyn-Mayer, 1984;
scénario : Peter Hyams ; photographie : Peter Hyams ;
musique : David Shire, Richard Strauss, György Ligeti ;
distribution: Roy Scheider, Keir Dullea, John Lithgow,
Helen Mirren, Bob Balaban.

Traduction : *2010 : L'Année du Premier Contact.*

31/ GENE WOLFE: THE URTH OF THE NEW SUN (USA)

1—Simon & Schuster, New York,1987.
2 — Sidgwick & Jackson, Londres, 1987.
3—Timescape, New York, 1988.

Traduction : *Le Nouveau Soleil de Teur* (Éd. Denoël, Paris,
Présence du Futur n° 488 et 489, 1989 ; recueil *L'Ombre du
Bourreau*, tome 2, Éd. Denoël, Paris, Lunes d'Encre, 2006 ;
Éd Gallimard, Paris, Folio SF, 2011).

32/ LES LANDAU: HALF A LIFE (STAR TREK THE NEXT GENERATION n ° 95) (USA)

1 — Paramount, 6 mai 1991 (vingt-deuxième épisode de la quatrième série). Scénario : Ted Robert & Peter Allan Fields. Distribution: Patrick Stewart, Jonathan Frakes, Brent Spiner, Marina Sirtis, Denis Crosby, LeVar Burton, Gates McFadden, Michael Dorn, Majel Barrett, Michelle Forbes, Terence E. McNally, Colm Meaney, Caryl Struyken, David Ogden Stiers.

Traduction : *La Moitié d'une Vie*.

33/ BEN BOVA & A.J. AUSTIN: TO SAVE THE SUN (USA)

1 — Tor, New York, 1992.
2 — Idem, 1993 (édition de poche).

34/ BEN BOVA & A.J. AUSTIN: TO FEAR THE LIGHT (USA)

1 — Tor, New York, 1994.
2 — Idem, 1996 (édition de poche).

35/ ALEXANDER SINGER: SECOND SIGHT (DEEP SPACE NINE n° 29) (USA)

1 — Paramount, 1993 (neuvième épisode de la deuxième série). Scénario : Mark Gehred O'Connell ; musique : Dennis McCarthy ; distribution: Avery Brooks, René Auberjonois, Terry Furrell, Colm Meaney, Armin Shimmerman, Nana Visitor, Cirroc Loftin, Salli Elise Richardson, Richard Kibey.

Traduction : *Double Vue*.

36/ KEVIN J. ANDERSON: HIDDEN EMPIRE (USA)

1 — Aspect, 2002 (édition cartonnée).
2 — Idem, 2003 (édition de poche).
3 — Orbit, Londres, 2007.

Traduction : *L'Empire Caché* (Éd. Bragelonne, Paris, 2008).

37/ ALEXANDER   MARSH   FREED: THE   STAR NECROMANCERS (Grande-Bretagne)

1—Interzone n ° 208, février 2007.

38/ DANNY BOYLE: SUNSHINE (Grande-Bretagne/USA)

1 — Andrew MacDonald, 2007. Scénario: Alex Garland; musique : John Murphy, Underworld ; distribution: Cillian Murphy, Chris Evans, Michelle Yeoh, Rose Byrne, Troy Garity, Hiroyuki Sanada, Benedict Wong, Mark Strong, Cliff Curtis, Paloma Baeza, Archie Macdonald, Chipo Chung.

Traduction : *Sunshine*.

L'auteur prie les lecteurs qui auraient remarqué des erreurs ou des oublis dans son texte de les lui communiquer à cette adresse : erelis_gon@yahoo.fr.

LES AUTRES MONDES CONCAVES
SELON EDMUND HALLEY
ET QUELQUES ÉPIGONES

*L'auteur remercie Joseph Altairac, Guy Costes, Javier Jiménez,
Ralph Letsch,
Jean-Luc Rivera, Franz Rottensteiner, Guy Sirois, Graham Stone
et René Walling
pour les informations et les documents fournis.*

LES AUTRES MONDES CONCAVES
SELON EDMUND HALLEY
ET QUELQUES ÉPIGONES

LES DEUX INITIATEURS

Le thème des autres mondes halleyens procède de celui de la Terre concave. Tous deux prennent racine dans un article d'Edmund Halley (1656-1743), astronome britannique et esprit universel, plus connu pour avoir établi la périodicité de la comète qui porte son nom : *An Account of the Cause of the Change of the Variation of the Magnetical Needle, with an Hypothesis of the Structure of the Internal of the Earth* (*Description de la Cause du Changement de Variation de l'Aiguille Magnétique, avec une Hypothèse sur la Structure de l'Intérieur de la Terre*, 1692).

Le champ magnétique terrestre varie en effet selon les points de la surface terrestre où il est mesuré. Tenant pour acquis qu'il provient des profondeurs, E. Halley émet l'hypothèse que celles-ci sont animées de mouvements sans pour autant que le centre de gravité général soit modifié. Poursuivant son raisonnement, il suppose qu'entre le noyau de la Terre et la coque qui nous abrite s'intercalent plusieurs sphères. Si ces corps intérieurs tournent à une vitesse différente, le champ magnétique ne saurait être égal partout. Telle était schématiquement sa théorie.

E. Halley tient compte de l'attraction universelle récemment découverte par Isaac Newton : les concavités de ces corps seraient doublées d'une matière magnétique qui les empêcherait de se bombarder mutuellement de fragments ; car une couche de gaz suffisamment épaisse les séparerait pour leur éviter de s'entrechoquer. Il envisage même que leurs surfaces convexes abritent de la vie, éventuellement intelligente, mais différente, et même que les surfaces concaves soient lumineuses pour l'éclairer ou que de petits soleils gravitent entre elles.

Comme ses prédécesseurs, savants et philosophes, formés à la rhétorique classique, E. Halley n'hésite pas à appeler la fiction au secours de la science pour extrapoler l'inconnu. Convenons qu'il a largement défriché le terrain dans son article. Comble d'audace, il se demande pourquoi son modèle ne s'appliquerait pas aux autres planètes. Les auteurs de space opera mettront longtemps à le suivre si loin. Ils seront en effet bien moins nombreux, mais pas forcément moins intéressants que les partisans de la seule Terre concave, thème promis à une fortune extraordinaire.

Ce dernier thème semble faire son entrée dans la SF avec *Lamékis ou Le Voyage Extraordinaire d'un Égyptien dans la Terre Intérieure* (1721) du chevalier de Mouhy, pseudonyme de Charles de Fleux (1702-84). Ce gros roman français se passe en pleine antiquité. Le narrateur conte son séjour dans diverses contrées fantastiques de la surface concave de la Terre éclairée par un soleil central et communicant avec le monde extérieur par deux ouvertures polaires. Divisée en cinq parties, cette œuvre est un pur récit d'aventures exotiques.

Nikolai Klimii Iter Subterraneum (tr. *Le Voyage Souterrain de Nicolas Klim*, 1741), écrit en latin par le dramaturge dano-norvégien Ludvig Holberg (1684-1754), suppose que le centre de la Terre est un soleil éclairant Nazar, concavité peuplée de végétaux intelligents dont la société fournit une amusante satire. Dans *A Voyage to the World in the Centre of the Earth* (tr. *Voyage dans le Monde du Centre de la Terre*, 1755), un Britannique anonyme décrit l'intérieur de la Terre au ciel lumineux et habité par une civilisation égalitaire et communiste.

L'*Icosameron* (1788, écrit en français), de l'aventurier vénitien Giacomo Casanova dit de Seingalt (1725-98), se réfère à L. Holberg et à son soleil central, mais innove en imaginant la concavité terrestre habitée par les Mégamicres dont il décrit la société utopique. Un autre italien, dans *Un Viaggio nel Centro della Terra* (*Un Voyage au Centre de la Terre*, 1800), signé Dell'A. L. T., reprend les deux concepts et y ajoute une grosse lune qui crée une éclipse permanente et mobile et procure l'équivalent de la nuit aux hommes-chiens qui peuplent la surface interne.

Sautons le XIXe siècle et le début du XXe, thématiquement surabondants, pour arriver à 1914, date de publication d'*At the Earth's Core* (tr. *Au Cœur de la Terre*) de l'États-Unien Edgar Rice Burroughs (1875-1950) qui n'innove guère avec Pellucidar, Terre intérieure grouillant d'espèces de toutes les périodes préhistoriques et éclairée par un soleil pourvu d'un petit satellite. Fidèle à son habitude, l'auteur y donnera des suites : cinq romans et quatre nouvelles. Des bandes dessinées s'en inspireront. Kevin Connor en tirera enfin un mauvais film du même titre en 1976.

Cette série haute en couleur, mais pas particulièrement géniale suscitera aussi des pastiches : *Mahars of Pellucidar* (*Les Mahars de Pellucidar*, 1976) de John Eric Holmes, autorisé par les héritiers d'E.R. Burroughs, et sa suite *Red Axe of Pellucidar* (*La Hache Rouge de Pellucidar*), qui circule depuis cette époque en photocopies pirates *Farewell Pellucidar* (*Adieu Pellucidar*, 1991) d'Alan Howard Gross, aussi disponible sous cette forme, et quelques autres. C'est dire qu'elle a servi de référence à des générations de lecteurs et d'auteurs dans le monde.

E.R. Burroughs n'ayant jamais hésité à se plagier, il transposa dans l'espace son monde intérieur. En prolongeant ainsi son modèle, il est douteux qu'il se soit inspiré d'E. Halley, dont l'article était peu connu. Si sa série pellucidarienne procède des nombreux récits contemporains de Terre concave, il demeure l'initiateur principal de la variante spatiale. Ainsi parut *The Moon Maid* (tr. *La Princesse de la Lune*, 1923), début d'une trilogie incluant *The Moon Men* (tr. *Les Conquérants de la Lune*, 1925) et *The Red Hawk* (tr. *Les Héritiers de la Lune*, 1925).

Les trois romans gravitent autour d'un dénommé Julian qui connaît ses réincarnations futures et les relate à un passager lors d'un croisière aéronautique en 1967. C'est d'abord l'histoire de Julian V, loyal astronaute commandant le Barsoom, premier astronef à destination de Mars, en 2025 et 2026. Celui-ci est dévié vers la Lune par suite d'un sabotage effectué par Orthis, savant génial, mais asocial. Leur rivalité, typique du manichéisme burroughsien, aura des conséquences catastrophiques pour l'humanité et fera rage pendant des siècles.

Le Barsoom tente d'atterrir dans un cratère. S'y étant enfoncé, il fait irruption dans un monde doté d'une atmosphère respirable haute de 80 kilomètres et d'une faune étrangère : serpents quadrupèdes, crapauds volants, félins reptiliens. La Lune est une coque creuse épaisse d'environ 400 kilomètres. Celle-ci est éclairée par la lumière solaire filtrant par les ouvertures des cratères et surtout par le radium abondant dans le sol et la roche des montagnes, d'où un jour permanent, une température agréable, des saisons peu différenciées et de vagues ombres.

Le reste du récit applique la formule qui a tant réussi à l'auteur depuis *A Princess of Mars* (tr. *Le Conquérant de la Planète Mars*, 1912). Lors d'une exploration, Julian et Orthis sont capturés par une tribu de Va-gas, nomades cannibales, quadrupèdes à visage humain dont les membres antérieurs sont à la fois locomoteurs et préhensiles. Tombe alors du ciel la princesse Nah-ee-lah de Laythe. Une rivalité amoureuse éclate entre les deux Terriens. Le plus méritant profite d'un des violents orages qui terrorisent les Lunaires pour s'enfuir avec elle.

Malgré la force que procure au Terrien la faible pesanteur lunaire, ils tombent au pouvoir des Kalkars, humains grossiers, ignorant la pitié et la justice. C'est le rameau dégénéré d'une civilisation jadis brillante, mais trop tolérante dont survit avec peine le peuple de Nah-ee-lah, beau, intelligent et aristocratique. Le couple s'enfuit à Laythe, aux habitants politiquement divisés. Leur roi succombe lors d'un duel avec un usurpateur allié des Kalkars. Julian le pourfend et la cité tombe sous des armes modernes d'Orthis qui, devenu leur chef, a mis son génie à leur service.

La suite est prévisible : Julian et Nah-ee-lah s'échappent (encore !), retrouvent le Barsoom (entre temps réparé par le reste de l'équipage) et s'envolent vers la Terre (où ils se marient). Dans les deux suites, une flotte lunaire construite et commandée par Orthis l'attaque en 2050. Les deux rivaux s'entretuent, mais la planète, sous le joug des Kalkars incompétents et privés de leur chef, dégénère, jusqu'à la victoire définitive de Julian XX en 2430. Ces courts romans sont inférieurs à *The Moon Maid*, et les volumes contemporains de la série martienne l'emportent sur celui-ci.

Contre son habitude, E.R. Burroughs ne développa pas dans une série les aspects de son monde intralunaire. Sa trilogie date d'une époque où la politique le passionnait. Il voulait montrer comment une civilisation, si évoluée soit-elle, dégénère lorsqu'elle adopte des doctrines socialement subversives. Ainsi en advient-il d'abord sur la Lune, puis sur la Terre. Mais c'est moins apparent dans *The Moon Maid* que dans ses suites, satire de la décadence qui, selon l'auteur, guettait la civilisation occidentale menacée par le communisme et le pacifisme d'après-guerre.

C'est des trois le plus proche de sa manière habituelle et donc le plus lisible et plus populaire, malgré sa naïveté, son sentimentalisme victorien, ses personnages en carton-pâte et surtout ses invraisemblances scientifiques, notamment l'habitabilité de la face intérieure de la Lune, déjà caractéristiques de la série de Pellucidar. *The Moon Maid* a sans conteste inspiré des épigones plus facilement que l'article d'E. Halley. Les mondes procédant de la transposition de la Terre concave dans l'espace peuvent donc être qualifiés de pellucidariens autant que d'halleyens.

PARENTHÈSE

Toutefois, un Luxembourgeois émigré aux USA depuis 1904, avait précédé E.R. Burroughs (dont il rééditerait *The Moon Maid* en 1928). Hugo Gernsback (1887-1967) connaissait bien la SF (et sans doute le premier récit pellucidarien). Il parsemait déjà de « scientifiction » ses magazines de vulgarisation scientifique, en attendant de lancer Amazing Stories en 1926. Il en écrivit même en mauvais anglais. Son deuxième roman, *Baron Münchhausen's Scientific Adventures* (*Les Aventures Scientifiques du Baron Münchhausen*, 1915-1917), relève en partie du thème.

Réveillé d'une léthargie causée par un liquide d'embaumement, le baron aide d'abord la France en guerre avec l'Allemagne (!). Puis, avec le professeur Flitternix, il s'envole vers la Lune dans un vaisseau en marconium, un métal de son invention qui annule la gravité. L'atmosphère y est ténue et une vie primitive s'est réfugiée dans des cavernes. L'explosion d'une météorite le projette alors dans la gueule d'un cratère. Le début du chapitre V, *Münchhausen Departs for the Planet Mars* (*Münchhausen part pour la Planète Mars*, 1915), raconte sa chute.

Or la Lune est une boule concave épaisse d'environ 500 miles dont l'intérieur débouche sur les cratères. Le baron arrive au centre en 24 minutes avant d'être projeté aux antipodes dans le même temps sans être consumé par le frottement de l'air qui l'emplit, la température y étant proche du zéro absolu. Il repart alors en sens inverse pour être récupéré par son compagnon grâce à un lasso. Devant le peu d'intérêt que présente le satellite — son cœur est encore plus morne que sa croûte —, les deux compères conviennent de partir pour Mars où les découvertes continuent.

Ces « aventures scientifiques » où l'auteur a réponse à tout ne sont guère convaincantes. Ainsi explique-t-il la concavité centrale de la Lune par la force centrifuge de sa rotation censée avoir projeté la matière vers l'extérieur à l'époque où le satellite était tout en fusion. Ses nombreux et doctes exposés, aussi lourds que son humour, n'aident pas à la lecture de ce naïf roman voué à un rapide oubli. E.R. Burroughs s'en inspira-t-il ? En tout cas, il ne trouva dans cette esquisse pratiquement rien pour étoffer un thème dont les potentialités lui étaient déjà familières.

PREMIERS DÉVELOPPEMENTS

Les précédents romans manquent d'audace devant la nouvelle de Nathan (iel) Schachner (1895-1955) & Arthur Leo Zagat (1895-1949), deux piliers des « pulps » états-uniens. Car *The Emperor of the Stars* (*L'Empereur des Astres*, 1931) postule un univers où non seulement l'espace est blanc et les astres noirs, mais où leur action est répulsive et non attractive. Les planètes y sont concaves et renferment une étoile centrale. Enfin le rayonnement solaire repousse et fixe les objets à la face intérieure de leur coque, ce qui résout astucieusement un problème inhérent à ce modèle.

Projetés par accident dans cet univers, deux astronautes explorent l'intérieur d'un de ces mondes dont l'atmosphère diffuse la lumière orange de son soleil et ne diffuse pas les sons. Attaqués par des méduses volantes, ils sont sauvés par les Prostaks, dômes gélatineux munis de tentacules avec lesquels ils communiquent par signes et par images. Les sympathiques créatures racontent ainsi l'histoire de leur espèce et les conduisent devant le sinistre cylindre qui les domine et transmet les ordres de l'Empereur des Astres. Or celui-ci exige qu'ils leur soient livrés.

L'Empereur des Astres est un humain dont les auteurs n'expliquent pas la présence. Il a le pouvoir d'anéantir des planètes et exige régulièrement un tribut d'esclaves à qui il ôte la volonté. Les deux astronautes utilisent le désintégrateur de leur astronef pour anéantir la sphère protectrice du tyran et l'explosion les renvoie miraculeusement dans le Système Solaire. Conclusion prévisible d'une histoire banale dont la seule originalité est la généralisation du concept halleyen à un autre univers. C'est un produit typique de son époque, comme celles qui suivent.

The Electronic Siege (*L'Assaut Électronique*, 1932) relève aussi du space-opera et appartient à l'œuvre de jeunesse de John W. Campbell (1910-71), la plus échevelée et la plus discutable. Elle inaugure la série des mondes halleyens semi-artificiels. Le cœur d'un planétoïde ayant été surchauffé par des armes atomiques, le gaz résultant s'est évacué dans l'espace et il n'est resté qu'une coquille épaisse d'un demi-mile. Il a alors suffi de lui imprimer une rotation pour y produire une force centrifuge équivalant à une pesanteur et d'installer au centre un soleil artificiel.

Rendu habitable, l'astricule accueille les sujets d'expérience d'un groupe de savants travaillant sur l'eugénisme. Mais parmi les passagers d'un astronef capturé figure un lieutenant de la Patrouille des Voies Interplanétaires qui s'échappe, sabote les installations et appelle la cavalerie spatiale. L'auteur de cette modeste nouvelle a voulu faire œuvre de SF technologique, mais a oublié que la pesanteur artificielle s'estomperait progressivement en direction des pôles. Pour la généraliser, il eût fallu (en théorie) imprimer une double rotation selon deux axes perpendiculaires.

Comme E.R. Burroughs, Charles Willard Diffin (1884-1966) aimait les séries. Il fit carrière dans les « pulps » états-uniens de SF de 1930 à 1936. *The Moon Master* (*Le Maître de la Lune*, 1930) est un pur décalque burroughsien et *Two Thousand Miles Below* (*À Deux Mille Miles de Profondeur*, 1932-33) une histoire de Terre concave. Beaucoup, dont celle-ci, se passent dans le monde en voie d'unification des années 1970. En fait aussi partie *The Finding of Haldgren* (*Haldgren est Retrouvé*, 1932), une des suites de *Dark Moon* (*La Lune Sombre*, 1931).

Cette dernière nouvelle mentionne la tentative d'un nommé Frithjof Haldgren pour atteindre la Lune. Dans *The Finding of Haldgren*, des S.O.S. sous la forme de signaux lumineux lancés en morse du cratère d'Hercule suggèrent qu'il est vivant. Une fusée y emporte Chet Bullard et son compère Spud O'Malley. Le premier s'y enfonce et trouve une atmosphère raréfiée. Il rencontre la sœur de Haldgren, mais aussi une horde d'horribles créatures blanches pourvues d'une longue queue de rat et d'ailes de chauves-souris qui les jettent dans une ouverture sombre.

Après une longue chute, Anita Haldgren lui apprend que la Lune est une coquille pleine d'air. Ils sont bloqués en son centre exact, en apesanteur parmi les œufs des créatures qui les ont capturés et reviennent les récupérer. Ce sont les descendants dégénérés d'une ancienne espèce à l'apparence angélique dont ils occupent de magnifiques monuments et dont ils ne comprennent plus la technologie avancée, bien que certains mécanismes restent fonctionnels. Les Sélénites ont permis aux naufragés terriens de lancer des signaux et communiquent avec eux en morse.

Les ravisseurs du couple — Chet est tombé amoureux d'Anita — s'estiment trahis, car le premier, qu'ils prennent pour Frithjof Haldgren, leur a tiré dessus. Ils s'apprêtent donc à les jeter dans des puits enflammés. Mais intervient Spud O'Malley qui s'était frayé un chemin dans la croûte lunaire. Tous trois délivrent Frithjof Haldgren, prisonnier dans un ancien temple. Bloqués par les créatures dans une pyramide à degrés, ils font sauter la voûte de la caverne où elle se dresse. Comme la surface est proche, l'air est aspiré et ils s'enfuient en scaphandres vers l'astronef.

The Finding of Haldgren est une nouvelle longue, mais insuffisamment développée. C. W. Diffin néglige les particularités intéressantes de sa Lune au point de les expédier en quelques lignes. Ses habitants accrochent leurs œufs à la surface intérieure, puis ceux-ci se détachent et flottent avant d'éclore, précise-t-il pourtant. Cela suggère que la concavité ne possède pas de pesanteur propre. D'ailleurs, après la capture, l'action semble se passer dans des cavernes. C'est un récit d'aventures vague et décousu qui aurait eu avantage à s'inspirer un peu plus d'E.R. Burroughs.

Compatriote aussi oublié que C.W. Diffin, Neil R(onald) Jones (1909-88) eut pourtant une carrière plus longue. Sa série la plus populaire comprend vingt-quatre nouvelles un peu simplistes, mais sans prétention parues de 1931 à 1988, plus six inédites : les aventures du professeur Douglas Jameson, demeuré quarante millions d'années en hibernation. Ranimé par les

Zoromes, extra-terrestres télépathes devenus quasi-immortels en transférant leurs cerveaux dans des machines automotrices, il accepte ce traitement et les suit dans leurs explorations interstellaires.

La quatrième nouvelle, *Into the Hydrosphere* (tr. *Dans l'Hydrosphère*, 1933), le mène sur une planète de 1 500 miles de rayon en apparence toute composée d'eau. Ses habitants, les Plekne, vivent sur des îles flottantes. Leur civilisation primitive en fait la proie des Uchke, créatures des profondeurs à la puissante technologie. Celles-ci enlèvent le Terrien et cinq de ses compagnons jusqu'à un noyau rocheux d'une centaine de miles de diamètre. Un ascenseur les dépose sur une sphère concave large de plus de vingt miles au centre de laquelle gravite une île lumineuse, aussi habitée.

Les cyborgs prisonniers soulèvent les esclaves plekne sur l'île centrale. Bombardée par leurs maî-tres, celle-ci cesse d'éclairer la concavité. Mais les Zoromes restés à la surface sabotent les conduits des ascenseurs, d'où l'irruption de l'océan. Les Uchke avaient creusé ce refuge à coups de rayons désinté-grateurs (influence de J.W. Campbell ?). Ils sont défi-nitivement neutralisés sur leur planète d'origine dans la nouvelle suivante, *Time's Mausoleum* (*Le Mausolée du Temps*, 1933), moins sommaire que celle-ci, banale aventure de sauvetage spatial.

Dans une cinquième nouvelle, *The Sunless World* (*Le Monde sans Soleil*, 1934), le thème réapparaît, comme si l'auteur regrettait de l'avoir traité superfi-ciellement, sous la forme d'un astre errant sur le point de heurter la troisième planète d'un système solaire. Étonnés de sa faible densité, trois cyborgs y débarquent et découvrent qu'il s'agit d'une coquille creuse. Les espèces dominantes sont celles de la surface extérieure, acéphale et animale, et celle de l'intérieur, pensante, mais primitive. Dans des grottes, les explorateurs découvrent d'immenses ossuaires.

Ils y rencontrent Lelee, un habitant de l'intérieur qui leur apprend que ses congénères âgés y finissent leur vie : depuis des millénaires, qu'en échange de la paix chez eux, ils se sacrifient aux acéphales dont ils sont le seul gibier. Leur informateur ayant été condamné à mort prématurément pour avoir contesté cette religion, les cyborgs voient en lui un futur prophète et se font conduire vers son peuple pour lui ouvrir les yeux. Cette symbiose rappelle celle des Elois et des Morlocks dans *The Time Machine* (tr. *La Machine à explorer le Temps*, 1895) de H.G. Wells.

Piégé au fond d'un puits par ses pareils, le sacrilège y finirait avec ses sauveurs si les acéphales n'accouraient, affamés. À coups de rayons, les cyborgs les réduisent à un tas de cadavres qu'ils escaladent. Entre temps, les autres Zoromes ont désintégré la troisième planète. Ses débris secouent sérieusement la coquille, percent une crevasse qui ouvre l'univers aux survivants du monde intérieur et les débarrassent de leurs prédateurs en arasant la surface extérieure. En ce sens, ce récit, par ailleurs assez naïf, est une apologie de la révélation et de la rédemption. Mission accomplie.

Épisode fugace, *Eau Courante et Chauffage Central* (1936) donne pourtant une description et une explication pittoresques. Partagé entre les livraisons *Voyage aux Enfers* et *Un Passager Escamoté* (n° 35 et 36), c'est le chapitre LXVI d'un roman pour la jeunesse qui comprend 108 fascicules : *Les Aventuriers du Ciel* (1935-37) de R(ené) — M(arcel) de Nizerolles, pseudonyme de l'auteur populaire français Marcel Priollet (1884-1960). Il conte l'exploration du Système Solaire. Sur Mercure, les astronautes trouvent un vaste jardin où les plus belles fleurs sont carnivores.

Par la fissure d'une caverne, l'un d'eux, Tintin, voit un ciel situé non au-dessus, mais en-dessous de lui et, au centre, un soleil éclairant l'intérieur sphérique de la planète formé de vallées, de montagnes, de cratères d'où s'élèvent des flammes et de la vapeur. Des animaux rappelant ceux de la Terre y rampent et sans doute tombent vers la petite étoile à leur mort : des limaces longues de dix mètres, des escargots aux coquilles grosses comme des potirons et une énorme pieuvre qui le poursuit. Ayant tout raconté à un savant, il a droit à cette explication d'un imperturbable sérieux :

« ... *On peut admettre que lorsque Mercure s'est détaché de la nébuleuse solaire, son refroidissement s'est opéré seulement à la surface. Le mouvement de rotation dont cette nouvelle nébuleuse était animée a provoqué, en raison de la force centripète, la formation d'un noyau de feu central, c'est-à-dire ce soleil dont tu nous parles, mon cher Tintin. Ce soleil a absorbé tout ce qui était combustible. Les autres matériaux, des minéraux, sans doute, ont obéi cette fois à la loi de la force centrifuge et se sont collés à l'intérieur de la croûte déjà solidifiée, pour former ces montagnes que tu as vues.* » (Fascicule n° 37 : *Fatale Bourrasque*, 1936)

EXTENSION

Les propriétés d'un tel modèle infra-planétaire sont décortiquées dans *At the Center of Gravity* (*Au Centre de Gravité*, 1936), première d'une trilogie de nouvelles signées Ross Rocklynne par l'état-unien Ross Louis Rocklin (1913-88). La scène est Vulcain, mythique planète orbitant en deçà de Mercure, bulle rocheuse de 890 miles de diamètre et d'une centaine de miles d'épaisseur, présentant toujours la même face au Soleil. La cavité, pleine de gaz toxiques, a été formée par une énorme explosion, dit l'auteur. Elle comporte un trou où tombent un bandit et le policier à sa poursuite.

Tous deux se retrouvent alors immobilisés au centre de la planète où les forces d'attraction s'annulent en vertu de la gravitation universelle. Ils doivent donc trouver un moyen d'atteindre la croûte avant que s'épuise l'air de leurs scaphandres. Vulcain ayant une orbite très excentrique et se trouvant alors à son aphélie, ils pensent d'abord attendre qu'elle atteigne son périhélie pour que le Soleil exerce son attraction sur leurs corps. Ils prennent un puissant somnifère, mais, à leur réveil un mois plus tard, ils n'ont pas bougé : ils ont oublié la deuxième loi de Kepler.

Ils réfléchissent encore et, se mettant à tourner en prenant appui l'un sur l'autre, se propulsent jusqu'à mi-distance de la croûte. Ils profitent alors adroitement des tourbillons formés par la différence de température entre les gaz en contact avec la face chauffée par le Soleil et ceux qui restent glacés. Mais surtout ils découvrent le courant ascendant provoqué par le tunnel menant à la surface et s'y engouffrent. Le bandit se révèle plus malin et arrive le premier à son astronef. Le policier n'aura plus qu'à reprendre la poursuite quand il rejoindra le sien.

At the Center of Gravity est un récit de SF hyper-scientifique tel que les favoriserait à partir de 1937 J.W. Campbell dans Astounding Science Fiction (où il parut). Il n'y question ni de soleil central ni de surface concave habitée et dotée de pesanteur, mais l'explication de la formation de Vulcain (dont l'existence avait été déjà réfutée) est discutable et l'auteur a oublié qu'une planète creuse n'a pas de champ gravitationnel interne orienté vers son centre. À ceci près, cette nouvelle apparaît comme une tentative assez astucieuse pour justifier une telle singularité.

Dans une autre nouvelle, *And Then There Was One* (*Et Alors il n'y en eut plus qu'un*, 1940), R. Rocklynne utilise comme cadre d'une méchante expérience la concavité d'un astéroïde de 119 miles de diamètre, effectuant sa rotation en 25 heures et presque entièrement métallique : six hommes y sont lâchés en scaphandres avec des provisions suffisantes pour un seul. Ils flottent dans l'apesanteur et leurs semelles magnétiques leur permettent seulement de se poser sur la surface intérieure. Ils sont équipés de matériels différents qu'ils doivent mettre à profit pour survivre.

Le mieux adapté à la situation en sort après cinq semaines aux dépens de ses compagnons, un peu à la manière des fœtus de certaines espèces de squales qui n'ont d'autre solution que s'entre-dévorer dans le ventre de leur mère, la nature n'ayant pas pourvu celle-ci des moyens complets d'assurer leur alimentation jusqu'à la naissance. La morale darwinienne rejoint ici une interprétation freudienne assimilant la concavité halleyenne à un sac amniotique dont la protection n'est que relative. Le sel de cette sinistre nouvelle réside dans l'astuce ou dans l'incapacité des protagonistes.

Le caractère halleyen de Vulcain ressort peu dans *Child of the Sun* (*L'Enfant du Soleil*, 1946) de Leigh Brackett (1915-78), future épouse d'Edmond Hamilton. Ici, une entité énergétique, dernière d'une espèce née de la collision du jeune Soleil avec une autre étoile, s'entoura d'une coquille de matière vitreuse absorbant la lumière et la restituant au centre de la planète, dans le but de s'en nourrir jusqu'à son extinction. Depuis, elle s'ennuie et veut faire ses jouets de trois visiteurs qui ont fui le tyran du Système Solaire, allant jusqu'à pourvoir la concavité d'une atmosphère respirable.

Leur chef lui propose de ramener d'autres compagnons pour qu'ils l'adorent comme un dieu, mais elle le suspecte de vouloir revenir mieux armé. En désespoir de cause, il la raille d'avoir renoncé à son destin cosmique pour végéter dans ce misérable refuge. Blessée dans son orgueil, elle s'envole dans l'espace pour éteindre ses feux, laissant à ses visiteurs un monde habitable où les humains échapperont à la tyrannie. Une conclusion discutable pour une nouvelle assez sommaire, à la manière d'E. Hamilton, qui en empruntera des éléments, dont le titre et l'entité énergétique.

Celle de R. Rocklynne dut aussi impressionner Edmond Hamilton (1904-77), déjà auteur de *The Hidden World* (*Le Monde Caché*, 1929), histoire de planète intraterrestre. Il reprit l'idée d'un Vulcain concave et l'explication de sa genèse dans *Outlaw World* (tr. *Le Monde hors-la-Loi*, 1946) et *Children of the Sun* (tr. *Enfants du Soleil*, 1951), deux des 27 titres de la saga du Capitaine Futur (1940-51), produit typique, voire caricatural, des « pulps » états-uniens. Elle a librement été adaptée en 1978 en 52 dessins animés japonais sous le titre *Captain Future* (tr. *Captain Flam*).

Outlaw World transpose dans le futur l'ambiance colorée de la flibuste telle que la veut la légende depuis le XIXe siècle. Ce roman amusant, mais consternant a pour point de départ la disparition progressive du radium dans tout le Système Solaire. Curt Newton (le Capitaine Futur) s'est engagé incognito dans un astronef qui en transporte. Celui-ci est attaqué par Ru Ghu, un savant uranien dévoyé, dont il va suivre la trace, après un détour chez les pirates de l'espace, sur un satellite jovien, divers astéroïdes et Mars, jusqu'à Vulcain où se cache l'affreux personnage.

L'extérieur est en fusion et la lumière solaire atteint par un cratère sa surface concave, tempérée sauf sur une bande carbonisée là où elle la frappe directement puisque la planète tourne sur son axe, produisant ainsi le jour et la nuit. C. Newton y atterrit avec ses amis, le cerveau Simon Wright, l'androïde Otho et le robot Grag. Une tribu de Dénébiens dégénérés, victimes de Ru Ghu, leur indique sa tanière dans la jungle. Avec l'énergie du radium, il voulait transformer Vulcain en véhicule autopropulsé afin d'attaquer et piller le reste du Système Solaire. Il est tué avant.

Selon E. Hamilton, grand destructeur — et sauveur — de mondes, Mercure, déstabilisée par ce désorbitage, aurait plongé dans le Soleil qui, surchauffé, aurait dévasté Vénus, la Terre, Mars et peut-être Jupiter. C'est discutable, vu l'apport relativement réduit en matière de cette petite planète et l'influence gravitationnelle négligeable d'un astre creux comme sa voisine. L'aventure sur Vulcain ne couvre que les quatre derniers chapitres de ce roman assez échevelé. L'auteur dut le regretter, car C. Newton et son équipe y reviennent dans la nouvelle *Children of the Sun*.

Cette fois-ci, ils cherchent un savant, Carlin. Les indigènes leur montrent une citadelle perdue de leurs ancêtres où il a disparu. Parmi les restes d'une ancienne technologie gisent abandonnés l'équipement, les vêtements et les notes du Terrien. La base de l'ancien empire dénébien installée sur Vulcain servait à l'étude du Soleil et avait abouti à une découverte extraordinaire. Un avertissement est sculpté : « *Gare à qui franchit cette porte. Car la mort est le prix de la vie éternelle.* » La machine convertit les êtres matériels en énergie. C. Newton décide de s'en assurer.

Flamme vivante, il franchit l'espace et plonge dans le Soleil. Il y parle à un des concepteurs dénébiens de la machine, puis à Carlin qu'il ramène sur Vulcain. Mais l'autre, insupporté par la médiocre existence matérielle, regagne les feux solaires dispensateurs d'immortalité. Hélas, insuffisamment développée, cette nouvelle est plutôt vague sur cet état post mortem. L'auteur s'en doutait puisqu'il rattrapa le coup avec une plus brillante, *Sunfire !* (*Feu Solaire !*, 1962) où il fit des étoiles le siège de la vraie vie. Comme quoi l'élan spirituel manquait à la série du Capitaine Futur.

Il en existe un équivalent espagnol avec la saga des Aznar, signée George H. White par Pascual Enguídanos Usach (1923-2008), vieux routier de la SF populaire. Elle comprend 32 petits romans publiés de 1953 à 1958 et 24 de 1973 à 1978. C'est l'odyssée épique de plusieurs générations de la famille Aznar dans le Rayo, astronef géant renfermant à l'origine les derniers humains libres qui ont fui la Terre sous le joug d'extra-terrestres. Dans *El Reino de las Tinieblas* (*Le Royaume des Ténèbres*, 1954), Fidel Aznar redresse les torts sur la planète Redención (Rédemption).

La civilisation qu'il y trouve d'abord rappelle celle des Phéniciens, avec son trait le plus sinistre : les sacrifices humains. Mais les victimes, au lieu d'être immolées, sont envoyées par dizaines de milliers sur un fleuve dont un bras s'enfonce dans une caverne. La gigantesque idole du dieu Tomok en fixe oralement le nombre. L'ayant détruite (malgré ses fidèles), Fidel Aznar y découvre les indices d'une technologie très avancée et décide de voir ce qu'il advient des malheureux. Un violent accrochage a lieu avec des « hommes de cristal » puissamment armés.

La caverne débouche sur leur monde. Redención est une coque épaisse de 500 kilomètres. Son centre consiste en un soleil n'émettant que des rayons ultra-violets invisibles aux humains, d'où le titre désignant la surface concave (10 000 kilomètres de rayon). La vie se limite à une bande équatoriale large de 1 000 kilomètres, celle-ci seule produisant une force centrifuge équivalant à une pesanteur acceptable. Une flore pittoresque basée sur le silicium la couvre. La flottille aznarienne anéantit aux « rayons Z » les cités des hommes de cristal. Ils n'exigeront plus de victimes.

Le séjour sur la surface concave occupe le seul chapitre final. Le reste consiste en scènes d'action et en discours moralisateurs sur les faux dieux, le pacifisme, le progrès et la démocratie. Après tout, le but de la guerre n'est-il pas la paix ? La pseudo-pesanteur de l'équateur du Royaume des Ténèbres est une idée louable pour en justifier l'habitabilité, mais la rotation d'une aussi grosse planète devrait être très rapide. Le roman est assez sommaire et comporte des lacunes. Ainsi, à quel usage les hommes de cristal destinaient-ils les victimes ? Un récit peu élaboré et vite lu.

Quel contraste avec *Los Altísimos* (*Les Supérieurs*, 1959) ! Premier et meilleur roman de Hugo Correa (Márquez) (1926-2008), maître de la SF chilienne, mais peu prolifique, il préfigure dans une certaine mesure *Rendez vous with Rama* (tr. *Rendez-vous avec Rama*, 1973) d'Arthur C. Clarke. Car l'auteur y décrit longuement l'intérieur d'un monde artificiel sans vraiment faire appel à l'action. Il rappelle aussi du même auteur *Childhood's End* (tr. *Les Enfants d'Icare*, 1953) par sa réflexion sur la destinée d'un peuple devenu le jouet d'entités cosmiques immanentes.

Hernán Varela se réveille dans une clinique inconnue. Un infirmier lui affirme qu'il est en Pologne et se remet d'une crise aiguë due à l'absorption d'alcool frelaté. Les faits étranges se multiplient alors, comme ce son de cloche qui retentit partout une fois par jour et cette machine grâce à laquelle il apprend la langue de ses interlocuteurs en un temps accéléré. Il a été enlevé par erreur, étant le sosie d'un citoyen en fuite. Il est censé être sous la Terre, puis sur une des sphères concentriques en composant l'intérieur. Vient enfin la vérité :

Il est l'hôte de Cronn, planète de 33 000 kilomètres de diamètre dissimulant sous sa croûte stérile, mais captatrice d'énergie cosmique, huit planètes concentriques aux continents symétriques, pourvues chacune de quatre anneaux satellites habités et séparées par une atmosphère qui s'illumine périodiquement grâce à ses propriétés électromagnétiques (!?). Les neuf sphères ont un centre de gravité commun qui les empêche de s'entrechoquer. Elles sont peuplées sur leurs faces convexes et concaves, sauf la première, en contact direct avec le vide, et la dernière, pleine.

Avec ses 100 milliards d'habitants, ce système halleyen parcourt les galaxies à la vitesse de la lumière. Un million d'années plus tôt, l'étoile qui éclairait la planète de leurs ancêtres fut réduite en nova par les créateurs de Cronn, mais ceux-ci leur offrirent d'abord d'y émigrer. Puis eurent lieu des révoltes et des tentatives d'évasion. Leur race fut anéantie et reconstituée dix-sept fois par des machines génétiques. Sur la croûte externe, le Terrien assiste à la destruction de plus de 300 millions d'entre eux par une pluie de météores constituée des cadavres de la précédente décimation.

Il endure un monde parfaitement standardisé et aseptisé où n'existent ni l'argent ni la propriété ; les citoyens sont contrôlés en permanence et ne peuvent occuper plus d'un jour le même appartement, confortable, mais stéréotypé ; le mariage et la famille sont inconnus ; toute union dépassant vingt-cinq heures est interdite et doit être dénoncée ; les femmes sont stériles ; la reproduction revient à de gigantesques incubatrices ; des machines élèvent les enfants ; ils sont ensuite spécialisés selon leurs aptitudes. Chacun a sa place et y reste. Élimination automatique à cent ans.

Une place est assignée au Terrien dans ce monde où le travail et la soumission sont les seuls devoirs et valeurs. *« Le pire ennemi de la civilisation est l'amour individualisé... /... Nous ne produisons pas par compensation, pour remplir des vides, comme dans l'antiquité. La capacité d'aimer — toutes les mystérieuses énergies qui la composent — s'est canalisée vers un but supérieur, »* affirme le guide chargé de l'initier à cette société affranchie de l'égoïsme et des servitudes de la matière. Ainsi se justifie la froideur des Cronniens. Rien ne doit contrecarrer les intérêts collectifs.

Mais ces intérêts ne sont pas ceux des Cronniens. Ils travaillent pour des maîtres. Les Techniciens surveillent la population et le fonctionnement du système. Ce ne sont pourtant que des contremaîtres. Ils reçoivent une éducation spéciale qui les robotise et ne font que transmettre et appliquer les directives des constructeurs de la planète En son centre réside un esprit artificiel censé être en contact avec les Supérieurs. Mais nul ne les a jamais vus et ne sait à quel destin ils ont enchaîné cette humanité. Cronn est la suprême prison pour la chair comme pour l'esprit.

Los Altísimos est une satire féroce du communisme tel qu'il ne fut jamais, mais comme certains le prônaient ou redoutaient. Une aliénation non propre à ce système, mais consubstantielle pour H. Correa qui aurait rédigé des discours du dictateur Augusto Pinochet. Sans vraie intrigue, mais grandiose et fascinant, c'est une chute savamment graduée vers le fond d'une misère humaine dont la justification reste inconnaissable. Malgré des détails à foison, l'aspect scientifique ne convainc guère, sans vraiment nuire à ce chef-d'œuvre de la SF latino-américaine du XXe siècle.

À l'inverse, une planète halleyenne peut se colorer d'optimiste et d'humour. Ainsi dans *Le Pays sans Étoile* (1970), bande dessinée non réaliste de bon niveau de Pierre Christin (à la plume) et Jean-Claude Mézières (aux crayons) appartenant à une des séries de SF françaises les plus contestataires (à gauche) de son époque : les aventures spatio-temporelles de Valérian et Laureline. À l'image de *The Sunless World*, celle-ci les emmène vers le système solaire d'Ukbar dont les quatre planètes colonisées sont menacées par l'irruption d'un astre errant. Aussitôt ils l'explorent.

Extérieurement stérile, Zahir comporte en son centre un soleil à l'éclat variable pourvu d'un satellite. Dans sa révolution, celui-ci détermine sur la face concave de la planète une grande faille au bord de laquelle ses rayons (!?) font grossir les flogums, des cristaux explosifs. Les nomades Lemms la longent sur des scolopendres géants supportant leurs demeures pour les extraire et les vendre sans complexes aux cités de Malka et de Valsennar. Celles-ci s'en servent en effet dans leur guerre dont l'origine est oubliée. Elles abritent des sociétés traditionnelles à la technologie réduite.

Chacun des Terriens visite une cité. À Malka, Valérian s'intègre dans une société où de robustes et violentes femmes dominent des hommes veules et serviles. Laureline trouve l'inverse à Valsennar où ces derniers sont des esthètes efféminés. Dans les deux, le prolétariat de sexe inférieur sert aux basses besognes et de chairs à canon. Lors d'une bataille entre deux flottes de dirigeables à laquelle ils participent, les intrus remarquent que les explosions déstabilisent le soleil intérieur et le reste la planète qui se trouve maintenant repoussée dans la zone d'attraction d'Ukbar.

Ils enlèvent la reine de Malka, énorme mégère, et l'empereur de Valsennar, petit gros maquillé, et leur révèlent l'existence d'un univers par-delà leur monde. Ils finiront par se marier et leurs sociétés inégalitaires par s'effondrer. Les peuples de Zahir s'unissent et une énorme quantité de flogums est envoyée exploser au large de la planète, la plaçant sur une orbite stable autour d'Ukbar. Toute vraisemblance est superflue dans cette histoire morale de déniaisement à l'échelle planétaire. *Le Pays sans Étoile* est un pur divertissement et le plus pittoresque des récits halleyens.

Mentionnons en passant le Capitaine Marvel, personnage de la mythologie de l'éditeur états-unien Marvel. Ce superhéros y affronte Thanos, titan devenu maître du satellite Titan dans son plan de conquête du cosmos. L'épisode *Trapped on Titan !* (*Piégé sur Titan !*, 1973) dessiné par Jim Starlin et écrit par Mike Friedrich comporte une carte où, sous la croûte stérile dissimulant Issac, gigantesque ordinateur, tourne un monde éclairé par des soleils artificiels. À sa surface, le Palais de la Science, le Temple de la Vie et l'Arbre de l'Éternité et en son cœur un gyroscope cosmique.

Une autre bande dessinée décrit un monde curieux dans *Hollow World* (1977, tr. *Supercrack*) du scénariste britannique Steve Moore et de l'Italien Massimo Belardinelli (1938-2007), dont les décors tourmentés donnent au dessin un aspect surréaliste. Ici, les flammes d'une étoile rouge lèchent la surface extérieure d'une planète, mais pas sa concavité, habitée et pourvue en son centre d'un noyau magnétique lumineux. Un plan succinct accompagne l'histoire et la viabilité d'un tel système est expliquée par un champ de forces. Peu convaincant.

Hollow World est un épisode tardif de la longue série de Dan Dare, dont la première aventure date de 1950. Il y retrouve son éternel ennemi, le Mekon, affreux nabot hyperintelligent qui contrôle la volonté des chefs de pirates cosmiques. Ceux-ci ont fait du Monde Creux leur repaire, d'où ils écument les voies commerciales. Il amplifierait leurs méfaits si, acculé par le brave paladin, il ne se résignait, après s'être préservé avec ses complices, à faire exploser la planète, décor non déterminant d'un space-opera banal et fumeux, contribution superflue au thème.

Bien plus ambitieuse et élaborée, *La Terre Creuse* (1985), bande dessinée des Belges Luc & François Schuiten, fait partie d'une série qui évoque assez vaguement un lointain Système des Terres Creuses comprenant sept planètes que les auteurs se proposaient en apparence de dépeindre une à une avant de la limiter à un autre album et à une histoire annexe. Son intérêt n'est pas tant thématique que conceptuel par l'inventivité présidant aux civilisations qui y règnent et surtout graphique par ses décors, sa machinerie et ses constructions architecturales élaborés.

La cinquième planète, Zara, se compose de deux sphères, l'une emboîtée dans l'autre. La partie concave de la plus extérieure est peuplée de nomades en perpétuel déplacement, car ils craignent de tomber dans l'espace intermédiaire à mesure que le sol tourne. Ils suivent un cours d'eau qui s'assèche derrière eux. Par curiosité, la jeune Olive reste sur place et constate que la surface penche de plus en plus, jusqu'au moment où elle se retrouve suspendue à un arbre, une idée amusante, mais sans doute la plus idiote du thème. C'est le prologue de l'histoire.

Sur le point de tomber, Olive est sauvée par des humanoïdes ailés, puis recueillie par un peuple composé uniquement de femmes accroché à la paroi verticale de la seconde sphère. Elle les intrigue en leur apprenant l'existence de mâles. Aussi partent-elles en expédition dans une sorte de dirigeable. Elles tombent alors sur un groupe de Terriens téléportés sur Zara en quête de sensations fortes. Capturés, ils fournissent une ressource érotique inédite avant d'être vidés de leur énergie, puis cuits et dévorés, aspect censuré dans la réédition de 1989 (*Zara*).

Cette aventure où l'esthétique l'emporte sur la logique se poursuit dans une certaine mesure avec *Nogegon* (1990), espèce d'utopie architecturale, mais où le concept de planète creuse est abandonné ou du moins très peu significatif. Il n'en sera donc plus question. Du moins *Zara* exploite-t-il le thème de façon inhabituelle et l'habille brillamment. Dans un style rétro renouvelé par le modernisme, pas moins de deux civilisations y sont dépeintes et une troisième ébauchée. C'est sans doute la restitution la plus fascinante des œuvres ici recensées.

Au contraire, *Still River* (*Le Fleuve Tranquille*, 1987) de Hal Clement, pseudonyme de l'astrophysicien états-unien Harry Clement Stubbs (1922-2003), témoigne de sa rigueur habituelle. Il construit un monde dans ses moindres détails et tente en fait de prouver la vraisemblance d'une planète creuse. Orbitant autour d'Eta Carinæ, Enigma 88, malgré un rayon de seulement 1473 kilomètres, possède une atmosphère dense de méthane, d'azote, d'ammoniac, de dioxyde de carbone, avec un peu d'argon et de monoxyde de carbone. Étrangement, elle semble se renouveler.

L'intrigue du roman consiste en les étapes de la résolution du mystère, effectuées par cinq étudiants, dont un seul est humain, dans le cadre de leur formation universitaire. En personne (et souvent au péril de leurs vies) ou à l'aide de robots, ils explorent de profonds cratères polaires menant à un réseau de tunnels et de cavernes abritant une vie végétale et microbienne, mais surtout parcouru de courants gazeux. Au terme de leurs sondages, ils découvrent que le centre de la planète est une sphère de gaz de 637 kilomètres de rayon.

Still River est un récit d'exploration planétaire d'une extrême sophistication. Mais l'auteur est tellement obsédé par les détails de son monde qu'il néglige le comportement des personnages (dont l'extranéité de quatre ne fait guère illusion). Et surtout son modèle planétaire ne semble pas viable. Son collègue astrophysicien Michael Busch a montré dans l'article *Clement's Game* (*Le Jeu de Clement*, 2006) que la pression gazeuse du centre serait bien plus faible que celle des roches environnantes. Autrement dit, Enigma 88 s'écroulerait sur elle-même...

Encore moins réaliste que *Le Pays sans Étoile* et franchement humoristique, *Les Maîtres Cartographes* (1992-2002) est une bande dessinée française en six albums de Christophe (dit Scotch) Arleston (scénario) & Paul Glaudel (dessin). C'est l'aventure d'Archim de Camp, cartographe, et du voleur Olivre, duo paillard qui s'étoffe au fil des rencontres. Toute la surface de Dandale, leur planète, est couverte d'une seule ville, pourtant divisée en nombreux états souvent cruels et pittoresques. Une espèce de Moyen-Âge y règne, même si la science y fut jadis très avancée.

Les Maîtres Cartographes l'ont gardée en partie pour eux et se contentent de faire cartographier la planète. Tout aussi cachottiers, leur rivaux, les Sapientistes, veulent la rendre à son état originel en semant des arbres à croissance ultra-rapide pour raser ses constructions. Dans le dernier tome seulement, *L'Autre Monde* (2001-2), est révélé que ces derniers se terrent sur sa surface concave, où subsiste la nature primitive, éclairée par un soleil central et maintenue au sol par la force centrifuge de sa rotation. C'est là qu'aboutit la joyeuse bande au terme de circonstances épiques.

Leur quête continue pourtant. Un astronef les emporte jusqu'à la lune de Dandale, siège de l'ordinateur laissé par de mystérieux anciens. Ainsi reçoit-il d'un Sapientiste mégalomane l'ordre de ralentir la rotation de la planète, puis de détruire le satellite. Ils en réchappent de peu et retournent chez eux, avec la perspective d'un futur plus progressiste. Conclusion assez bâclée et tirée par les cheveux, peut-être improvisée pour écourter la série sur une surprise. Aspects irrésolus et contradictions suggèrent la lassitude. Elle brille plus par l'humour que par la cohérence.

Enfin, ¡ ¡ *Guerra en las Profundidades !!* (*Guerre dans les Profondeurs !!*, 1996) est plus enthousiaste que talentueux. Il s'agit d'une suite à *El Reino de las Tinieblas* de G.H. White. La popularité de la série des Aznar dans les pays de langue espagnole se mesure en effet non seulement à ses rééditions, mais aussi à ce pastiche concédé par son créateur à ses compatriotes Carlos Quintana i Francia & Carles Quintana i Fernández. Le texte primitif étant assez succinct, rien d'étonnant que ses admirateurs aient voulu l'étoffer. Ils reviennent donc sur Redención trente ans après.

Hélas, si ce roman est mieux écrit, plus long et plus moderne, il est également ennuyeux. Il s'éternise en combats, finalement victorieux, dans les entrailles de la planète. Car les hommes de cristal ont relevé la tête. Les auteurs décrivent bien comment ils étaient entrés en contact avec les humains primitifs et avaient appris à aimer leur chair, mais n'improvisent guère plus sur leur civilisation et leur milieu que G.H. White avaient ébauchés. C'est un exemple de ces pastiches qui, malgré des moyens supérieurs à ceux du modèle initial, n'en retrouvent pas le souffle épique.

ACTUALITÉ ET RÉACTUALISATION

Que reste-t-il de la théorie d'E. Halley ? Nous savons que le champ magnétique qui protège la Terre des plus dangereuses radiations cosmiques est produit par la différence de vitesse de rotation entre son noyau en ferronickel et les strates supérieures, elles-mêmes animées de mouvements divers. Mais rien n'indique qu'une couche de gaz ou le vide les sépare. Quant aux autres planètes telluriques, du moins naturelles, que leur centre soit chaud ou inerte, pourquoi feraient-elles exception ? N'imploseraient-elles pas sous leur propre gravité ?

Cependant, s'inspirant de la théorie d'E. Halley, Jan Lamprecht suggère dans son étude *The Hollow Planets* (*Les Planètes Creuses,* 1999) que tous les corps célestes sont des sphères naturellement creuses. À cause de la gravité toujours décroissante vers leur centre, la force centrifuge causée par la rotation rejette la matière vers l'extérieur, créant un vide interne. De plus, cela déterminerait un trou à chaque pôle, mettant en communication les surfaces interne et externe. Cela n'empêche pas l'auteur d'envisager un soleil central.

N. Schachner & A. L. Zagat ont joué avec un tel modèle en imaginant tout un univers — pas très convaincant, il est vrai — où il est la règle. C'est une façon poétique de contourner les contraintes extrêmes des coquilles planétaires. Que faut-il alors penser des tentatives de justification scientifiques ? Simples jeux d'astrophysiciens ou nostalgie déguisée ? R. Rocklynne et H. Clement n'ont réussi qu'à proposer une rationalité factice et à exploiter provisoirement la crédulité de leurs lecteurs. Les planètes halleyennes ont peu de chances d'exister.

À moins qu'elles soient artificielles, ou au moins en partie, ce qui permet de s'affranchir d'un concept certes séduisant, mais peu vraisemblable. Ainsi *The Electronic Siege* et *Los Altísimos* sembleraient-ils traduire un refus du modèle halleyen. Mais d'un autre côté, N.R. Jones, après l'avoir rejeté dans *Into the Hydrosphere*, l'adopte dans *The Sunless World*. Il est vrai qu'E.R. Burroughs et ses épigones ont massivement contribué à le populariser pour la seule Terre même après la Seconde Guerre mondiale. Les traces en subsistent jusqu'au XXIe siècle.

Ainsi le Britannique Iain M. Banks a-t-il repris le flambeau pour réhabiliter le thème. *Matter* (tr. *Trames*, 2008) est un de ces romans hypertrophiés qui ont encombré la SF anglo-saxonne dès la fin du XXe siècle. Fidèle à son temps, il relève d'une série, celle de la Culture, société galactique multiraciale, décentralisée et libertaire, où rien ni personne n'est exploité, mais entachée d'inégalités technologiques. Il y existe des mondes-gigognes, réactualisations de Pellucidar, bâtis il y près d'un milliard d'années par une espèce disparue, les Involucræ.

À l'origine dispersées sur la bordure galactique, ces planètes possèdent un noyau métallique de 1400 kilomètres de diamètre autour duquel s'étagent des sphèrcs concentriques en nombre variable éclairées par des soleils artificiels et soutenues par d'énormes tours d'intercommunication qui les rendent solidaires. Abandonnées par leurs créateurs, celles demeurées opérationnelles ont été récupérées et aménagées par diverses espèces. Les ennemis des Involucræ, les Ilnes, avaient commencé à les détruire avant de s'éteindre, n'en laissant que 1200 sur 4096.

Sursamen est un de ces mondes-gigognes. Découvert par deux espèces extra-terrestres, il comprend seize sphères, dont deux occupées par des humains à la technologie arriérée. Les enfants d'un roi du neuvième niveau tué par un usurpateur s'enfuient. Oramen trouve refuge dans le huitième ; Ferbin essaie d'obtenir l'aide de la Culture et Anaplian y fait carrière en devenant un de ses agents. Elle se sacrifiera pour éliminer une machine ilne sur le point de détruire la planète en s'attaquant à son noyau, résidence d'une entité sénile considérée comme quasi divine.

Comme les autres mondes-gigognes, Sursamen rappelle une coquille qu'occupe un bernard-l'hermite s'il la trouve à sa convenance. Ses habitants en sont les hôtes provisoires et même les victimes. Ils ne contrôlent guère les mécanismes installés par ses créateurs. Les étoiles artificielles mobiles ou fixes qui les éclairent durent moins d'un demi-milliard d'années et causent alors un cataclysme sans pour autant percer le niveau où elles s'écrasent. Il faut alors trouver une espèce pensante capable d'en poser une nouvelle. C'est dire la condition humaine ou autre sur cette planète.

Matter est un de ces livres-univers intelligents qui explorent un contexte intéressant, mais le gâchent en multipliant des péripéties souvent touffues, superflues et fastidieuses. La description de cette planète composite n'est d'ailleurs qu'un élément noyé dans le tourbillon de la Culture développé dans le reste de la série — entre autres avec divers types de mondes artificiels, l'auteur rejetant par principe la transformation des planètes naturelles. Cela reste quand même une tentative pertinente de réactualiser, au prix de quelques accrocs, la théorie halleyenne.

Plus que *Los Altísimos*, encore fidèle au modèle originel, *Matter* mériterait le qualificatif de post-halleyen dans la mesure où il tente de le renouveler. Il fait la transition avec le thème de la reconversion de systèmes solaires, représenté par *Ringworld* (tr. *L'Anneau-Monde*, 1970) de Larry Niven et ses suites, et surtout par *Orbitville* (tr. *Orbitville*, 1975) de Bob Shaw, *The Starless World* (*Le Monde sans Étoiles*, 1978) de Gordon Eklund ou *Le Jeu du Monde* (1985) de Michel Jeury qui imaginent une vaste coque reconstituée autour d'une étoile à partir de ses planètes.

Ce dernier modèle, dit sphère de (Freeman J.) Dyson, du nom du scientifique britannique qui le proposa en 1960, représente, sinon une extension logique du thème, du moins un stade supérieur par l'ingénierie cosmique. Sa fréquence dans la SF lui vaudrait une étude plus importante que la présente. *Into the Hydrosphere* et surtout *Los Altísimos* pourraient s'y rattacher dans la mesure où apparaissent dans l'un une intervention réduite sur la physiologie d'une planète et dans l'autre la reconstitution sophistiquée de mini-systèmes planétaires emboîtés.

Un cas assimilable pourrait être Virga dans *Sun of Suns* (*Le Soleil des Soleils*, 2006) du Canadien Karl Schroeder. Ce ballon en fullerène gonflé d'air de 3000 kilomètres de diamètre abrite des mini-étoiles alimentées par des réacteurs à fusion et des habitats dont la rotation produit un effet de pesanteur. Relative innovation : le Français Auguste Liquois (1906-69) imaginait déjà dans *L'Empire des Hommes Rouges* (1949), bande dessinée inachevée, le centre de la Terre occupé par tout un système solaire peuplé de monstres, d'humanoïdes et de descendants des Atlantes.

Ce roman et ses suites (*Queen of Candescence* [*La Reine de la Candescence*, 2007], *Pirate Sun*, [*Le Soleil Pirate*, 2008], *The Sunless Countries* [*Les Pays sans Soleil*, 2009] et *Ashes of Candescence* [*Les Cendres de la Candescence*, 2010]) décrit les sociétés hautes en couleurs, souvent différentes et ennemies, qui peuplent cet univers clos dont la justification semble surtout de caractère exotique, à l'exemple d'E.R. Burroughs mais la technologie en plus. Cette pentalogie relève-t-elle du thème ? C'est discutable. Au moins en est-elle l'ultime extension.

Les autres mondes halleyens étant eux-mêmes une extension du modèle relatif à la seule Terre, rien d'étonnant qu'ils s'en soient largement inspirés, d'autant plus qu'ils sont apparus assez tard. Toutefois, une différence fondamentale éclate. Dans un cadre purement terrestre, l'univers intérieur s'oppose surtout à la surface extérieure. Outre-Terre aussi, mais encore plus au cosmos entier auquel il s'ouvre ou non, ce qui le réduit à une quantité pitoyablement négligeable. D'où la difficulté de la transition entre les deux extrêmes ou son impossibilité, voire la régression.

Dans *The Sunless World* et *Le Pays sans Étoile*, les indigènes affrontent la déstabilisation du dehors. Dans *The Moon Maid*, la décadence des Sous-lunaires contamine même la Terre. Dans *The Finding of* Haldgren, ils ont horriblement dégénéré. Dans *Into the Hydrosphere* et *El Reino de las Tinieblas*, le monde creux impose l'obscurantisme à la surface. Dans *Outlaw World* et *Children of the Sun*, les Dénébiens devenus sauvages adorent le pilier solaire de Vulcain, siège d'un complot contre le Système Solaire. Enfin les femmes de *Zara* n'ont rien d'enviable.

Les mondes halleyens gouvernent l'ignorance, la dégénérescence, l'oppression, les ténèbres, la laideur, la peur, la torture, le crime ou la mort. D'où la fuite des Terriens dans *The Moon Maid* et *The Finding of Halgren*. Ainsi dans *At the Center of Gravity*, où Vulcain lâche à regret ses proies. Dans *Matter*, le centre de Sursamen porte un germe de destruction. Dansdale aussi dans *Les Maîtres Cartographes*. *Hollow World* finit par exploser. La loi de la jungle s'instaure dans *And Then There Was One*. La faune intra-mercurienne des *Aventuriers du Ciel* rebute le découvreur.

Plus que *The Sunless World*, *El Reino de las Tinieblas* et sa suite relatent une croisade où se déchaîne l'allègre bellicisme des auteurs. L'incompatibilité des êtres en silicium avec la vie carbonée s'y traduit par une exportation des ténèbres intra-planétaires propres (le soleil central est noir pour les humains) ou figurées (leur arriération). L'évasion ou l'ouverture apparaîtraient donc comme seules alternatives à ces prisons. Le contraste s'impose entre l'intérieur étriqué et l'extérieur universel. L'entité de *Child of the Sun* en meurt. Il est partout exploité à un degré ou un autre.

Combien piquante est l'idée que le sombre Vulcain renferme la porte vers une grandiose immortalité solaire dans *Children of the Sun* ! Et le poignard lumineux qui transperce sa croûte pour frapper sa face concave est autant un porteur de vie que l'instrument d'un viol. Même pourvues de luminaires intérieurs, les planètes halleyennes sont chichement éclairées. Elles sont des étouffoirs pour les germes qu'elles préservent et des pièges pour les visiteurs, parfois même des poisons pour les uns ou les autres, voire pour tous. Des mères possessives.

L'intérieur des coquilles extra-terrestres, ébréchées ou non, n'est qu'une matrice faussement rassurante, même si leurs habitants se contentent de cet état amniotique, enfantin, primitif. Et, fussent-ils nés pour être esclaves ou pour asservir, la comparaison entre l'intériorité qui les a engendrés ou assimilés et l'extériorité qui les appelle ou se révèle à eux est du même ordre qu'entre un univers et sa parodie. Cela ne signifie pourtant pas que la liberté doive récompenser leur rencontre ou plutôt leur collision, tant ils s'opposent. En ce sens, le thème est contradictoire.

Nulle part la confrontation n'est plus tragique que dans *Los Altísimos* où les Cronniens voient l'univers défiler devant eux sans pouvoir s'y épanouir : une seule tentative d'évasion réussie en un million d'années ! Ici, H. Correa s'est surpassé dans cette suprême dérision. Ses confrères n'ont hélas fait preuve ni d'autant d'humour noir (sauf peut-être R. Rocklynne) ni d'autant de talent. Le thème des autres planètes halleyennes n'exprime pas toujours l'inaccessibilité de la liberté. Mais il illustre au moins l'aliénation de l'homme confronté au cosmos et sa difficulté à s'y hausser.

02/07 – 24/07/2010

BIBLIOGRAPHIE THÉMATIQUE

1/   EDMUND HALLEY: AN ACCOUNT OF THE CAUSE OF
THE CHANGE OF THE VARIATION OF THE MAGNETIC
NEEDLE, WITH THE HYPOTHESIS OF THE STRUCTURE
OF THE INTERNAL OF THE EARTH (Grande-Bretagne)

1 — Philosophical Transactions of the Royal Society of London n
° 195, 19 octobre 1692.
2—Site du British Museum.
Plusieurs rééditions.

2/   HUGO GERNSBACK: BARON MÜNCHHAUSEN'S
SCIENTIFIC ADVENTURES (USA)

1 — Electrical Experimenter, mai, juin, juillet, août, octobre
(*Münchhausen Departs for the Planet Mars*), novembre, décembre
1915, janvier, mars, avril, juin, novembre 1916, février 1917.
2 — Amazing Stories, de février à juillet 1928 (*Münchhausen
Departs for the Planet Mars*, paru en avril avec le chapitre suivant).
3—Apogee Books, Burlington, Ontario (Canada), 2006.

3/   EDGAR RICE BURROUGHS: THE MOON MAID (USA)

1 — Argosy All-Story Weekly, du 5 mai au 2 juin 1923.
2 — McClurg, Chicago, 1926 (avec *The Moon Men* et *The Red
Hawk* abrégés).
3 — Grosset & Dunlap, 1927 (avec *The Moon Men* et *The Red
Hawk* abrégés, plusieurs réimpressions).
4 — Modern Mechanics & Invention, novembre et décembre1928
(sous le titre *Conquest of the Moon*).
5 — Ace Books, New York, 1963 (plusieurs réimpressions).
6—Recueil *The Land That Time Forgot & The Moon Maid*
(Dover, 1963)
Autres rééditions.

Traductions : *À la Conquête de l'Hémisphère Inconnu* (Robinson, du 14 novembre 1937 au 30 janvier 1938 (abrégé) ; Story (Belgique) n° 58 à 79, du 26 juillet au 20 décembre 1946 (abrégé). *La Princesse de la Lune* (Éd. Antarès, La Valette, Les Mémoires du Futur n° 2, 1983 ; recueil *Le Cycle de la Lune*, Éd. Claude Lefrancq, Bruxelles, Volumes, 1996).

4/ NAT SCHACHNER & ARTHUR LEO ZAGAT: THE EMPEROR OF THE STARS (USA)

1—Wonder Stories, avril 1931.

5/ CHARLES WILLARD DIFFIN: THE FINDING OF HALDGREN (USA)

1—Astounding Science-Fiction, avril 1932.
2 — Site du Projet Gutenberg (Australie), 2009.

6/ JOHN W. CAMPBELL: THE ELECTRONIC SIEGE (USA)

1—Wonder Stories, avril 1932.

7/ NEIL R. JONES: INTO THE HYDROSPHERE (USA)

1 — Amazing Stories, octobre 1933.
2—Recueil *The Sunless World*, Ace Books, New York, 1967.

Traduction (premiers chapitres seulement) : *Dans l'Hydrosphère* (Anticipations n° 15, mai 1946 ; réédition fac-similé aux Éd. Recto-Verso, Bruxelles, coll. Ides... et Autres, 1990).

8/ NEIL R. JONES: THE SUNLESS WORLD (USA)

1 — Amazing Stories, décembre 1934.
2—Recueil *The Sunless World*, Ace Books, New York, 1967.

9/ RENÉ-MARCEL DE NIZEROLLES : VOYAGE AUX
ENFERS (France)

1 — *Les Aventuriers du Ciel* n° 35, 13 mai 1936, Éd.
Férenczi, Paris.
2 — *Les Aventuriers du Ciel* n° 16 (*Un Passager
Escamoté*), 1951, idem (abrégé).

10/ RENÉ-MARCEL DE NIZEROLLES : UN PASSAGER
ESCAMOTÉ (France)

1 — *Les Aventuriers du Ciel* n° 36, 20 mai 1936, Éd.
Férenczi, Paris.
2 — *Les Aventuriers du Ciel* n° 16 (*Un Passager
Escamoté*), 1951, idem (abrégé).

11/ ROSS ROCKLYNNE: AT THE CENTER OF GRAVITY
(USA)

1 — Astounding Stories, juin 1936.
2 — Anthologie *Exploring Other Worlds*, Collier Books,
1963, 1967.
3 — Recueil *The Men and the Mirror*, Ace Books, New
York, 1973.

12/ ROSS ROCKLYNNE: AND THEN THERE WAS ONE
(USA)

1 — Astounding Science-Fiction, février 1940.
2 — Recueil *The Men and the Mirror*, Ace Books, New
York, 1973.

13/ LEIGH BRACKETT: CHILD OF THE SUN (USA)

1 — Planet Stories, printemps 1946.
2 — Anthologie *More Adventures on Other Planets*, Ace
Books, New York, 1963.

14/ EDMOND HAMILTON: OUTLAW WORLD (USA)

1 — Startling Stories, hiver 1946.
2 — Popular Library, 1968.
3 — Site capitaineflam.free.fr, vers 2005 (France).

Traduction   :   *Le   Monde   Hors-la-Loi*   (site
capitaineflam.free.fr, vers 2005).

15/ EDMOND HAMILTON: CHILDREN OF THE SUN (USA)

1 — Startling Stories, janvier 1950.
2 — Site capitaineflam.free.fr, vers 2005 (France).

Traduction : *Enfants du Soleil* (site capitaineflam.free.fr,
vers 2005).

16/ GEORGE H. WHITE : EL REINO DE LAS TINIEBLAS (Espagne)

1 – Editora Valenciana, Valence, Luchadores del Espacio
n°13, 1954.
2 — Idem, Luchadores del Espacio n° 8, 1974 (édition révisée).
3 — Recueil *La Conquista de un Imperio/El Reino de las Tinieblas*,
Silente Ciencia-Ficcíon, 2009 (édition intégrale)

17/ HUGO CORREA : LOS ALTÍSIMOS (Chili)

1 — Editorial del Pacifico, Santiago, Plenitud, Biblioteca de
Novelistas, 1959 (plusieurs réimpressions).
2 — Ediciones Universitarias de Valparaiso, 1973.

18/ PIERRE CHRISTIN & JEAN-CLAUDE MÉZIÈRES : LE PAYS SANS ÉTOILE (France)

1 — Pilote n° 570 à 592, 1970 (signé Linus & Jean-Claude
Mézières).
2 — Éd. Dargaud, Paris, 1972 (plusieurs réimpressions).
3 — Idem, collecttion 16/22 n° 42, 1979 (cases redécoupées).

4 — Presses Pocket, Paris, 1989 (cases redécoupées).
5 — Recueil *Omnibus 2*, Éd. Dargaud, Paris, 1988 (avec *L'Empire des Mille Planètes* et *Bienvenue sur Alflolol*).
6 — Recueil *Valérian L'Intégrale*, volume 2, idem, 2008 (avec *Bienvenue sur Alflolol* et *Les Oiseaux du Maître*).
7 — Éd. Hachette, Paris, La Collection Valérian n° 3, 2017.

19/ JIM STARLIN & MIKE FRIEDRICH: TRAPPED ON TITAN! (USA)

1 — Captain Marvel n° 27, juillet 1973.
2 — Recueil *The Essential Captain Marvel 2*, Marvel, New York, 2013.

20/ STEVE MOORE & MASSIMO BELARDINELLI: HOLLOW WORLD (Grande-Bretagne/Italie)

1 — 2000 AD n ° 12 à 17, du 14 mai au 30 juillet 1977.

Traduction : *Supercrack, La Planète de Feu* (Sunny Sun n°29, août 1980), *Supercrack, L'Étoile Rouge* (Sunny Sun n°30, novembre 1980) et *Supercrack, Et la Grande Étoile explosa* (Sunny Sun n°31, février 1981).

21/ LUC & FRANÇOIS SCHUITEN : LA TERRE CREUSE (Belgique)

1 — Les Humanoïdes Associés, Genève, 1985.
2 — Idem, Paris, 1989 (sous le titre *Zara*, fin de l'album redessinée).
3 — Éd. Casterman, Bruxelles, Univers d'Auteurs, 2010.

22/ HAL CLEMENT: STILL RIVER (USA)

1 — Del Rey, New York, 1987 (hardcover).
2 — Idem, 1989 (édition de poche).
3 — Gollancz, Londres, 1987.
4 — Sphere, Londres, 1988.
5 — Hachette UK, 2011.

23/ CHRISTOPHE ARLESTON & PAUL GLAUDEL : L'AUTRE MONDE (LES MAÎTRES CARTOGRAPHES 6) (France)

1 — Lanfeust Mag n° 35 à 39, septembre 2001 à janvier 2002.
2 — Série *Les Maîtres Cartographes*, Soleil Productions, Toulon, 1 *Le Monde de la Cité* (1992), 2 *Le Glyphe du Bouffon* (1992), 3 *Les Tours du Floovant* (1994), 4 *L'Éclat de Camerlot* (1996), 5 *Le Cri du Plouillon* (1999), 6 *L'Autre Monde* (2002).
2 — Idem, recueil *Les Maîtres Cartographes L'Intégrale 1* (tomes 1 à 3) (1997), *Les Maîtres Cartographes L'Intégrale 2* (tomes 4 à 6) (1999, 2002).
3 — Idem, recueil *Les Maîtres Cartographes* (tomes 3 à 5) (1999)
4 — Idem, recueil *Les Maîtres Cartographes L'intégrale* (tomes 1 à 6) (2003).

24/ CARLOS QUINTANA I FRANCIA & CARLES QUINTANA I FERNÁNDEZ : ¡¡GUERRA EN LAS PROFUNDIDADES!! (Espagne)

1 — Silente, 1996.

25/ JAN LAMPRECHT: HOLLOW PLANETS (Union Sud-Africaine)

1 — Jan Lamprecht & TSG Publishing, 1999.

26/ KARL SCHROEDER: SUN OF SUNS (Canada)

1 — Tor Books, New York, 2006.
2 — Recueil *Virga: Cities of the Air*, Tor Boks, New York, 2011.

27/ KARL SCHROEDER: QUEEN OF CANDESCENCE (Canada)

1 — Tor Books, New York, 2007.
2 — Recueil *Virga: Cities of the Air*, Tor Books, New York, 2011.

28/ KARL SCHROEDER: PIRATE SUN (Canada)

1 — Tor Books, New York, 2008.

29/ IAIN M. BANKS : MATTER (Grande-Bretagne)

1 — Orbit, Londres, 2008.

Traduction : *Trames* (Éd. Robert Laffont, Paris, Ailleurs & Demain, 2009 ; Le Livre de Poche, Paris, 2010).

30/ KARL SCHROEDER: THE SUNLESS COUNTRIES (Canada)

1 — Tor Books, New York, 2009.

31/ KARL SCHROEDER: ASHES OF CANDESCENCE (Canada)

1 — Tor Books, New York, 2010.

L'auteur prie les lecteurs qui auraient constaté des oublis ou des erreurs dans cette étude de les lui indiquer à l'adresse suivante : erelis_gon@yahoo.fr.

VULCAIN,
LE MYTHIQUE MONDE INFRAMERCURIEN

*L'auteur remercie Gianni Brunoro, Jean-Luc Buard,
Gianfranco De Turri, Rainer Eisfeld, Piero Giorgi,
la Maison d'Ailleurs, Internet, Javier Jiménez,
Ralph Letsch, Christophe Marécaille, Franz Rottensteiner,
Francis Saint-Martin, Erik Simon, Guy Sirois,
Brian Stableford, Graham Stone et Jean-Michel Tchilian
pour les informations et les documents fournis*

VULCAIN,
LE MYTHIQUE MONDE INFRAMERCURIEN

UN MYTHE SCIENTIFIQUE...

Vulcain est le nom donné par Urbain Le Verrier (1811-77) à une planète supposée graviter en deçà de Mercure, en principe la plus proche du Soleil. L'illustre astronome français était intrigué par les bizarreries de l'orbite elliptique de cette dernière, en contradiction avec la mécanique céleste d'Isaac Newton. Mais cette perturbation pouvait s'expliquer par la présence d'un corps infra-mercurien demeuré invisible car noyé dans le rayonnement solaire.

Avant tout mathématicien et théoricien, U. Le Verrier entreprit à partir de 1843 une série de calculs (manuels) en vue de vérifier les mouvements des planètes connues du Système Solaire selon la théorie newtonienne. En 1859, il en publia les résultats : Mercure avançait trop vite, soit de 42,98 secondes d'arc par siècle, excès dont aurait rendu compte l'influence de Vulcain. Il détermina même que celle-ci devait effectuer sa révolution autour du Soleil en 33 jours.

En 1846, sur la base des perturbations de l'orbite d'Uranus, il avait calculé celle d'une planète située au-delà. La même année, son confrère Gottfried Johann Galle découvrait Neptune comme prévu dans la constellation du Verseau. Cela ne fit qu'ajouter au crédit de son inventeur et encouragea la chasse vulcanienne dans les observatoires. En 1859, l'astronome amateur Edmond Modeste Lescarbault déclara l'avoir observée en transit sur le disque solaire et en convainquit U. Le Verrier.

U. Le Verrier ne renia jamais Vulcain et annonça son passage sur le disque solaire pour le 22 mars 1877. En vain. Mais deux astronomes états-uniens, James C. Watson et Lewis Swift, assurèrent l'avoir observée séparément le 29 juillet 1879. Malgré les contestations de certains de leurs confrères, la chasse reprit de plus belle chez les amateurs comme chez les professionnels. Certains virent même deux planètes ! La controverse fit rage jusqu'aux premières décennies du XXe siècle.

... LANCÉ PAR LA SCIENCE-FICTION...

U. Le Verrier n'avait fait que baptiser Vulcain. L'avait précédé *Les Posthumes* (1802), extravagant roman-fleuve de Nicolas Anne Edme Restif de la Bretonne (1734-1806), polygraphe, précurseur de la SF et son premier auteur régulier français. Y sont contés les voyages du duc Multipliandre, surhomme immortel et érotomane, sur la Terre, à travers le temps et l'espace. Dans le troisième des quatre tomes, il visite en esprit le Système Solaire et évoque plusieurs planètes inframercurielles.

Sur la plus extérieure, Argus, l'or, l'argent et surtout le cuivre, le plomb, l'étain, le mercure, l'antimoine, le zinc et d'autres métaux coulent à flots. L'eau existe à l'état vaporeux et est donc respirée par les habitants. Ceux-ci sont télépathes, mais capables d'opposer une barrière aux intrusions mentales. Leur langue ne comporte que deux voyelles, i, o, et trois consonnes, b, l, m. Huit ailes leur permettent d'atteindre le Soleil où ils croient accéder à un état supérieur. Ils ont huit sens.

Ils ont quatre têtes, huit jambes, huit ailes, quarante doigts de pieds, un œil sur chaque front et un au bout de leurs doigts. Les mâles font treize à quatorze pouces et les femelles onze à douze. Celles-ci sont plus fortes, mais moins clairvoyantes. Ils ont pour outils des pierres très dures ou des os d'animaux. Ils absorbent par les pores les matières nutritives en suspension dans l'atmosphère et les poumons leur tiennent lieu d'estomac. Ils sont plus intelligents (et aussi leurs ânes) que les humains.

Hiérax est la planète suivante. Plus proche du Soleil, elle est en métal liquide à l'équateur. Les plantes y enfoncent leurs racines pour s'alimenter. Les animaux ont des ailes et ne touchent pas la surface. Ils communiquent par la pensée et sont bien plus intelligents que les humains. Quant aux Hiéraciens ils ont huit sens. Également ailés, ils évoquent les anges, mais sont sexués. Un amant peut transférer son âme dans le corps de sa partenaire et partager sa jouissance pendant leur accouplement.

Comme lors de ses visites à d'autres mondes, Multipliandre tente de s'emparer du corps de l'un d'eux, mais est repoussé. Plus tard, un Hiéracien l'accepte comme hôte et lui fait partager sa science, infiniment supérieure à celle de la Terre : plus une race est proche du Soleil, plus elle est spirituellement avancée. Il apprend ainsi que l'astre est une source de vie appartenant à un état supérieur de la matière, dernier stade avant la divinité. Déjà sur Hiérax les créatures ont quelque chose d'éthéré.

Il apprend qu'a existé une troisième planète infra-mercurienne, Io, absorbée par le Soleil ainsi que trois précédentes. C'est le sort réservé à Hiérax dans 50 000 ans, à Argus dans 150 000 ans, puis aux planètes suivantes, dont la Terre dans 300 millions d'années. De plus, des habitants de ces mondes supérieurs se sont volontairement incarnés dans les inférieurs : Minos, Socrate, Orphée, Confucius venaient d'Argus ; Platon, Mahomet, Napoléon de Hiérax ; Jésus du Soleil, qui y retourna après sa mort.

Car le Soleil est habité. Sa chaleur dissout les corps, mais pas les âmes. Il vomit même des comètes qui deviennent des planètes. C'est un aspect de la cosmogonie et de l'évolution fantaisistes que l'auteur détaille dans ces excursions circumsolaires. Celles-ci constituent une mince part de l'ouvrage, mais, vu son épaisseur, elles sont loin d'être négligeables. Il y révèle un tropisme auquel succomberont bien de ses successeurs : comment frôler les feux solaires sans être fasciné, voire s'y enflammer ?

Restif de la Bretonne n'en resta pas là. Il inventa plusieurs planètes au-delà d'Uranus, découverte seulement en 1781. *Les Posthumes* date en effet d'une époque où les astronomes fouillaient le ciel avec ferveur. Le gouffre entre Mars et Jupiter suggérait l'existence d'autres corps. Ainsi l'auteur put-il apprendre celle de l'astéroïde Cérès en 1801 et de deux autres avant son décès. Comme l'hypothèse d'A. Le Verrier, ce roman imaginatif bien qu'irritant et guère lisible était dans l'air du temps.

La controverse vulcanienne rebondit dans les *Aventures Extraordinaires d'un Savant Russe* (1888-96), odyssée de la Lune aux étoiles par Georges Le Faure (1858-1953) & Henry de Graffigny (pseudonyme de Raoul Marquis, 1863-1942), contributeurs émérites à la SF française. Dans les chapitres X et XI du tome 2 (*Le Soleil et les Petites Planètes*, 1889) de ce roman encore plus massif, ils récapitulent avec ironie les avatars de l'invention et de la découverte de la planète imaginaire.

Arraché avec un fragment de Mercure par la comète Tuttle, un groupe d'astronautes est entraîné jusqu'à la proximité du Soleil. L'un d'eux propose alors d'en profiter pour confirmer l'existence de Vulcain, déchaînant la raillerie de ses compagnons qui la contestent. En fait, il a pris pour une planète leur obus sidéral qui les suit dans leur course et finira par les rejoindre. Cependant, sous la menace d'un pistolet, il arrivera à les rallier verbalement à son idée fixe.

Vulcain est par contre tenue pour réelle dans *A Journey in Other Worlds* (tr. *Voyages en d'Autres Mondes*, 1894) de l'États-Unien John Jacob Astor (1864-1912). Au cours de leur périple, les astronautes rencontrent sur Saturne un esprit qui évoque brièvement les planètes invisibles du Système Solaire, dont une transneptunienne et plusieurs inframercurielles, sans préciser leur nombre. Il suppose même que leurs habitants seraient composés d'amiante ou d'un autre matériau ignifuge.

Une autre brève occurrence de Vulcain dans la SF apparaît dans *By Aeroplane to the Sun* (*En Aéroplane jusqu'au Soleil*, 1910) de l'astronome et vulgarisateur britannique Donald Horner. Trois astronautes fuyant la Terre visitent Vénus, Mercure et l'intérieur du Soleil qui est froid et solide et où ils rencontrent des Martiens. Au passage, ils observent Vulcain, mais sans s'y poser, ce qui rend anecdotique la contribution de ce roman échevelé pour la jeunesse.

Mais en 1915, Albert Einstein (1879-1955) calcula que la différence de 42,98 secondes d'arc dans l'orbite mercurienne s'expliquait par la courbure de la lumière à proximité du Soleil. Vulcain n'avait donc en principe plus de raison d'être. Mais, comme la plupart des scientifiques ne comprenaient alors rien à sa théorie de la relativité générale (1905) et se reposaient sur les lois d'I. Newton, l'idée résista et subsista encore longtemps parmi eux et, bien sûr, chez les auteurs de SF.

Celle-ci s'invite curieusement dans *La Vita senza Cielo* (*La Vie sans Ciel*, 1933), dernier tome de la trilogie utopique italienne de Mario Viscardini (1883-1962) après *La Casa del Genere Umano* (tr. *La Maison du Genre Humain*, 1927) et *La Piramide Capovolta* (*La Pyramide Inversée*, 1932). Un film en relief, *Catastrofe di Mondi* (*Catastophes de Mondes*), est présenté à Ardo l'Enthousiaste, héros malheureux des romans et visiteur de Cuordelmonte, cité troglodytique du futur.

Une partie relate un nouveau conflit mondial. Mais voici qu'interviennent le réchauffement du Soleil, l'incendie de la Terre et la quasi-destruction de l'humanité. Quand l'étoile se calme, les survivants de Cuordelmonte découvrent qu'elle a éjecté en deçà de l'orbite de Mercure une petite planète innomée, encore ignée. C'est le seul cas de naissance future — du moins naturelle — d'un corps vulcanien. Peut-être s'agit-il du scénario ou du résumé d'une œuvre que l'auteur ne put développer.

... ET DÉVELOPPÉ AUX ÉTATS-UNIS

Mais l'exploration de Vulcain fut surtout le monopole d'anciennes gloires des « pulps » états-uniens ou du moins d'auteurs qui y sévirent pour éventuellement émigrer vers des supports plus prestigieux. D'où une qualité souvent discutable. Un seul est britannique. Le premier à véritablement développer l'idée fut R(oman) F(rederick) Starzl (1899-1976) dans la nouvelle *The Terrors of Aryl* (*Les Terreurs d'Aryl*, 1932). Il rebaptisa Aryl la planète intra-mercurienne et la décrivit ainsi :

« Dernièrement, les explorations du périhélie solaire ont rendu familières à des milliers de Terriens les conditions atmosphériques particulières et terrifiantes d'Aryl, mais en 1998 cette étrange planète, tourbillonnant follement autour du Soleil en deçà de l'orbite de Mercure, était pratiquement inexplorée. Sa dense enveloppe de gaz, des formes allotropiques d'éléments connus sur la Terre, se singularise par leur énorme pouvoir de réfraction lumineuse, si considérable, en fait, qu'ils dévient à mi-parcours la lumière et la chaleur rayonnante du Soleil et lui font contourner la planète, la rendant pratiquement invisible depuis la Terre. Cette même propriété, cependant, sauve toute matière vivante d'une destruction instantanée par la chaleur solaire. »

C'est l'aventure de deux officiers de la Police Volante Interplanétaire, naufragés sur Aryl en poursuivant des pirates de l'espace. Dans la jungle environnante, ils affrontent des oiseaux aux crânes pourvus de lances naturelles, des créatures sphériques à trois longues pattes et un gigantesque monstre reptilien. Pour échapper à celui-ci, ils se jettent à l'eau et tombent par hasard sur le repaire des forbans qu'ils neutralisent après avoir délivré leurs charmantes prisonnières.

The Terrors of Aryl est l'œuvre d'un nouvelliste qui accumula les poncifs durant sa brève carrière. Vulcain n'y est qu'un décor exotique. De même dans *The Hell Planet* (*La Planète Infernale*, 1932), de sa compatriote Leslie F. Stone (1905-91), pseudonyme de Leslie

Frances Silberberg, née Rubinstein, une des premières autrices des « pulps » états-uniens de SF avec Francis Stevens (Gertrude Bennett), A(manda) Reynolds Long, L(ouise) Raynolds Hansen et Clare Winger Harris.

Ici, Vulcain est une sphère torride de 1 200 miles de diamètre où tout est toxique pour l'homme. Le radium y abonde, mais surtout une matière plus précieuse, la cosmicite, qui a la propriété de réfléchir tous les rayons quelle que soit leur longueur d'onde. Enfin elle est peuplée d'humanoïdes primitifs. Ils ont d'abord pris les Terriens pour des dieux, mais, lorsqu'arrive une nouvelle expédition, conduite par le seul survivant de la précédente, ils mettent à l'épreuve la vulnérabilité des intrus.

Cette nouvelle pessimiste transpose l'aventure des conquistadores en quête d'or. Les Terriens se font conduire par les Vulcaniens aux gisements de cosmicite. Mais en chemin ils meurent de radiations après avoir ouvert leurs scaphandres et ingéré de l'eau et des fruits toxiques. C'est un récit moral, car l'avidité y est punie, mais qui pourrait avec des changements mineurs se passer dans une colonie africaine, sauf qu'ici les indigènes défendent leur territoire, jusqu'à la prochaine expédition...

L'association de Vulcain à la mort se retrouve dans *Vulcan's Workshop* (*L'Atelier de Vulcain*, 1932) de Harl Vincent, pseudonyme de Harold Vincent Schoepflin (1893-1968). Orbitant à vingt millions de miles du Soleil, cette sphère stérile de 200 miles de diamètre lui présente toujours la même face. Sa pesanteur en surface atteint six fois celle de la Terre à cause de son cœur en neutronium, l'élément le plus dense de l'univers. Elle mérite encore plus le qualificatif d'infernal.

La mince zone séparant les faces sombre et éclairée sert de relégation à trois cents des pires criminels de Mars. Ils extraient de précieux minerais et aucun ne survit longtemps aux radiations. Un agent terrien s'y fait envoyer et s'en évade jusqu'à l'astronef qui l'attendait. Son témoignage contribuera à renverser le régime promoteur de ce camp d'extermination qui rappelle ceux de l'U.R.S.S. où, hormis quelques détails, pourrait se passer cette nouvelle bien conçue, mais quelconque.

Vulcain sert de catalyseur dans *Mathematica* (*Mathematica,*) et *Mathematica Plus* (*Mathematica Plus*) (1936), du Britannique John Russell Fearn (1908-60). C'est un astéroïde à la surface toute en métal et aux entrailles bourrées de machines. Deux savants terriens et Pelathon, un humanoïde surgi du macrocosme, s'y enfoncent et sont entraînés dans le microcosme, sur Mathematica où les attend Si-Lafnor, un être au corps atrophié, mais à la tête surdimensionnée. Il leur apprend que :

« Vulcain était là avant votre univers : c'est du débordement mathématique de Vulcain que s'est formé votre univers. Il existait dans les machines vulcaniennes une vapeur dans laquelle se trouvait le lien menant à la source originelle : ici. Une fois formé cet univers, Vulcain recréa à partir de chiffres une énergie répliquant l'énergie existant dans l'esprit du concepteur originel : moi-même. C'est ainsi que la pensée se trouva reproduite sur cet astéroïde spécial. Le fait de détacher un fragment de ce monde et de l'apporter sur la Terre a développé une autre forme de chiffres et vous, Farrington, en pensant à un univers, avez reproduit tout à fait involontairement une série de chiffres en

constante multiplication qui ont réagi sur l'éther et donné naissance de l'univers de Pelathon. À son tour, il s'est multiplié et sa race est née. Il a été assez malin pour en déduire la source — la Terre — et la trajectoire qui l'y a mené, tout aussi facilement que vous quand vous réduisez des yards en pouces sur le papier. Et à votre tour vous avez suivi la série mathématique de chiffres jusqu'à son point de départ : ici. »

Exilés, les Terriens franchissent la barrière de la mort. Si-Lafnor les sauve et les laisse sur une planète analogue à la Terre. Dans *Mathematica Plus*, ses habitants les projettent à la fin de l'univers réduit à un point géométrique. Désincarnés, ils rencontrent le démiurge mathématicien qui concentre la totalité de la matière. Celui-ci les renvoie sur Mathematica d'où, aidés par Si-Lafnor, ils remontent le cours du temps vers Vulcain et la Terre d'avant leur départ tout en gardant leurs souvenirs.

Ces deux nouvelles sont un des rares exemples de SF basée sur les mathématiques, même si cette discipline y est quasi divinisée. Quoique de formation scientifique, l'auteur bafoua bien souvent la rationalité et même le bon sens dans sa prodigieuse production. Cette aventure échevelée est l'exception qui confirme la règle. Vulcain n'y est sans doute qu'un prétexte, mais il n'est pas indifférent qu'elle constitue un avant-poste de l'éternité et une porte sur l'univers et sa finalité.

Vulcain apparaît comme un piège cosmique dans *The W62's Last Flight* (*Le Dernier Vol du W62*, 1936), conclusion d'une pentalogie de space operas de Clifton B(ryan) Kruse (1905-2000), auteur oublié de vingt nouvelles de 1933 à 1943. L'hypothèse est émise d'un petit astéroïde, ancien satellite de Mercure, tellement rapproché du Soleil qu'il s'est transformé en boule de gaz surchauffés. Mais ce qui le rend dangereux pour la navigation spatiale est son attraction pour les métaux.

C'est le piège où tombe le transport de passagers M31. Dévié de sa trajectoire, il lance un S.O.S., car la chaleur y devient insupportable à mesure qu'il s'en rapproche. Le W62, fusée vedette de la série, accourt et explose après avoir plongé dans l'astéroïde, mais son équipage de casse-cou s'en sort et sauve l'autre vaisseau. L'histoire ne se distingue guère de la production moyenne de l'époque. Son seul mérite est de présenter Vulcain sous une forme inhabituelle.

Récit ultra-scientifique, *At the Center of Gravity* (*Au Centre de Gravité*, 1936), préfigure une manière que promouvrait John W. Campbell dans Astounding Stories à partir de 1937. Ross Rocklynne, pseudonyme de Ross Louis Rocklin (1913-88), conçoit Vulcain comme un ballon de 890 miles de diamètre présentant la même face au Soleil et épais d'une centaine de miles. Sa concavité s'explique par une ancienne explosion qui l'a vidée avant que des gaz toxiques la remplissent.

Un tunnel relie la surface à l'intérieur. En s'y engageant à la poursuite d'un bandit, un policier se trouve immobilisé avec lui au centre de la planète où s'annulent les forces de gravité. Les deux hommes sont limités par leurs réserves d'oxygène. Comme Vulcain décrit une orbite très excentrique, ils pensent d'abord que, lorsqu'elle atteindra son périhélie, l'attraction solaire les rapprochera de la croûte. Mais ils ont oublié la deuxième loi de Kepler. Ils tentent une autre méthode.

Se mettant à tourner en prenant appui l'un sur l'autre, ils se propulsent jusqu'à mi-distance de la croûte. Puis ils profitent des tourbillons produits par la différence de température entre les deux faces. Enfin le courant ascendant qui traverse le tunnel les entraîne à la surface où, plus malin, le bandit s'enfuit en astronef. Cette nouvelle exploite le plus original des cadres vulcaniens, mais l'auteur oublie qu'une coquille creuse symétrique n'a pas de champ gravitationnel interne orienté vers le centre.

Plus banal, *The Flat Folk of Vulcan* (*Le Peuple Plat de Vulcain*, 1940), signé Dennis Clive par J.R. Fearn, est très décevant, surtout après *Mathematica* et sa suite. Il y est question d'un astéroïde d'une trentaine de miles de diamètre présentant le même hémisphère au Soleil, mais d'une extrême densité puisque sa pesanteur en surface égale presque celle de la Lune. Deux explorateurs terriens posés sur la face obscure la trouvent dure et lisse comme du métal alors que l'opposée est en fusion.

Ils rencontrent surtout de sympathiques créatures tellement plates qu'elles ignorent la notion d'épaisseur. Grâce à leur traducteur télépathique, les Terriens enseignent à leurs savants la troisième dimension. Ils les défendent aussi contre leurs prédateurs, de larges nappes enflammées venues de l'autre hémisphère, en les arrosant d'eau. Ils promettent à leurs nouveaux amis de revenir pour les en délivrer. Une nouvelle d'exploration planétaire prudente, sans éclat et consensuelle.

Leigh Brackett (1915-78) imagine encore une planète creuse dans *Child of the Sun* (*L'Enfant du Soleil*, 1942), tout en étant très succincte à cet égard. Vulcain est un petit globe dont la surface vitreuse absorbe la lumière, d'où sa quasi-invisibilité. Elle est découverte par un trio de fugitifs en butte au tyran qui domine le Système Solaire et neutralise ses opposants par un traitement psychologique. Ils s'enfoncent dans une crevasse pour aboutir à un espace lumineux où s'élève un château.

Son flamboyant propriétaire est le dernier d'une espèce née, comme le Système Solaire, du choc entre le jeune Soleil et une autre étoile. Elle vivait dans l'espace sous la forme de boules d'énergie en convertissant ses propres atomes. Pour survivre, l'entité manipula la matière, s'entoura d'une coquille absorbant les rayons solaires et les restituant en profondeur afin de s'en nourrir tant qu'il y en aurait. Intéressée par les humains, elle leur y crée une atmosphère respirable et bouche la crevasse.

Faute de créer de vrais êtres vivants, l'Enfant du Soleil s'ennuie et veut faire des intrus ses jouets. Leur chef lui propose de ramener des compagnons qui l'adoreront comme un dieu, mais l'entité devine une ruse meurtrière. À bout d'arguments, il le raille d'avoir sacrifié la grandeur cosmique de son espèce à une tanière où il survit minablement. De honte, l'entité gagne l'espace pour s'y éteindre, laissant Vulcain aux humains en refuge contre leur tyran, car elle a compris qu'elle ne peut les dompter.

Assez superficiel, *Child of the Sun* est encore l'œuvre d'une débutante, mais déjà s'y ébauchent un style haut en couleur et des envolées lyriques, toutes choses qu'elle développera dans la décennie suivante. Cette nouvelle aurait presque pu être écrite par Edmond Hamilton, que l'autrice épouserait en 1946. Ici aussi, Vulcain est une création artificielle et le siège d'une puissance transcendant l'humanité. Et puis, la proximité du Soleil commence à y jouer un rôle déterminant.

R. Rocklynne réutilisa Vulcain au moins dans la nouvelle, *The Bottled Men* (*Les Hommes en Bouteille*, 1946). S'agit-il de la même planète ? Nulle concavité n'est évoquée. Elle montre aussi la même face au Soleil, particularité que l'astronomie attribuait alors à Mercure, mais oscille sur son axe. Ce mouvement, dit de libration, détermine une zone crépusculaire large d'une centaine de miles tempérée malgré l'absence d'atmosphère. Ici encore un policier et un criminel font cause commune.

Au beau milieu de cette zone, ils tombent dans un lac de mercure puis, plus bas, dans une grotte pleine de gaz par un tunnel qui les relie. Au gré de la libration, la température du mercure passe d'un extrême à l'autre et se transmet au gaz sous-jacent, le compressant et le dilatant alternativement. Dans le second cas, le gaz repousse le mercure vers le haut. Disposant d'un pistolet à flamme, ils surchauffent le gaz et sont projetés vers la surface, comme un obus dans un canon.

Toute l'histoire se ramène donc à la résolution astucieuse d'un problème de vases communicants. Une telle configuration peut paraître tirée par les cheveux. Mais pourquoi se priver de placer des conditions physiques particulières, en principe invraisemblables ailleurs, sur une planète inventée ? Une bouteille géologique ici, une coquille creuse dans *At the Center of Gravity*, etc. Vulcain stimule l'imagination par sa marginalité, même si tous les auteurs ne s'en tirent pas aussi brillamment.

Edmond Hamilton (1904-77) dut être impressionné autant par *At the Center of Gravity*, que par *Child of the Sun*. Des éléments s'en retrouvent dans *Outlaw World* (tr. *Les Monde Hors la Loi*, 1946) et *Children of the Sun* (tr. *Enfants du Soleil*, 1950). Tous deux relèvent de la série *Captain Future* (*Capitaine Futur*), 27 titres de 1940 à 1951, où Curt Newton (humain), Simon Wright (cerveau enfermé dans une boîte), Otho (androïde) et Grag (robot) sauvent et détruisent les mondes.

Outlaw World est l'histoire d'une chasse aux pirates de l'espace qui dérobent tout le radium du Système Solaire. Seuls les cinq derniers chapitres concernent Vulcain, où les forbans ont construit de gigantesques réacteurs alimentés par cet élément. Leur but est de la propulser vers les étoiles, ainsi que, accessoirement, de désorbiter Mercure pour la lancer dans le Soleil et le transformer ainsi en nova, après avoir pillé les autres planètes. Inutile d'ajouter que le quatuor s'y opposera.

Vulcain est une coquille creuse et l'auteur reprend l'hypothèse de R. Rocklynne sur sa genèse. Frappée par la lumière du Soleil proche, la surface extérieure est en fusion. Par la gueule d'un cratère, elle carbonise la surface intérieure sur le tracé qu'elle touche directement selon la rotation du planétoïde, mais en éclaire le reste. La concavité possédant une atmosphère respirable, une température acceptable règne dans la jungle de fougères géantes qui la tapisse et abrite des humanoïdes primitifs.

Ce sont les descendants dégénérés de Dénébiens qui y installèrent une base avant la destruction de leur empire interstellaire. Les pirates voulant les asservir et occupant leur temple sacré, l'héroïque quatuor les enrôle sans peine. Tous donnent l'assaut à la citadelle ennemie et sauvent le Système Solaire, conclusion sans surprise de ce roman pour la jeunesse bourré des pires poncifs du space-opera. L'auteur eut-il conscience d'avoir sous-utilisé le cadre vulcanien ? En tous cas il écrivit une suite.

Vulcain domine dans *Children of the Sun* (tr. *Enfants du Soleil*, 1950), une longue nouvelle où il s'inspire davantage de L. Brackett, lui empruntant un peu de son lyrisme en plus de son titre. Cette fois, le quatuor y revient à la recherche d'un ami disparu de Curt Newton. Ses notes indiquent que l'avant-poste dénébien avait pour but l'étude de la physique solaire et que les savants qui y travaillaient avaient découvert le moyen de se convertir en énergie. Il les a rejoints dans le Soleil.

Selon une légende vulcanienne, des flammes vivantes parcourent le Soleil et visitent Vulcain de temps à autre. C. Newton actionne l'antique machine et, sous une forme ignée, s'élance vers l'astre du jour. Il y rencontre l'ancien chef des physiciens dénébiens et retrouve son ami qu'il ramène vers le planétoïde, mais qui refuse in extremis de renoncer à cet état d'extase et d'immortalité. Il est permis de se demander pourquoi le Capitaine Futur revient à son pitoyable succédané de vie.

Vulcain est ici la porte du Soleil et de l'éternité. Malgré sa naïveté, cette nouvelle évoque à merveille un état désincarné où, dans les tourbillons d'énergie, l'esprit se détache des chaînes terrestres. Déplorons que l'auteur ne l'ait pas plus développée. Au moins fit-il rêver bien des adolescents. Mais le concept continua à le hanter. Déjà inspiré par l'entité énergétique de *Child of the Sun*, il transporta dans les étoiles le siège de la vraie vie avec *Sunfire !* (*Feu Solaire !*, 1962). Lux Æterna !

DERNIÈRES OCCURENCES

Avec *Gli Uomini di Fuoco* (tr. *Les Hommes de Feu*, 1955), le flambeau de la tradition vulcanienne est repris en Europe continentale. Cette bande dessinée du scénariste Gian Carlo Testoni & du dessinateur Mario Fantoni, alors au début d'une longue carrière, est italienne. Elle présente la particularité d'être une des rares contributions où nul ne pose les pieds sur Vulcain. Cela ne l'empêche pas de fournir bien des détails sur la planète et surtout ses flamboyants habitants.

Une expédition vulcanologique patronnée par l'université de Chicago explore une des Îles Hawaï, dirigée par le professeur Angelus qu'accompagnent son neveu Frankie (15 ans), son assistant Canelly et le médecin Muscletone. En escaladant les pentes d'un des deux volcans actifs, ils doivent céder aux réticences des porteurs indigènes qui craignent les Tupanpans, esprits infernaux vivant dans le feu. La tente montée pour la nuit, ils découvrent des traces de pieds carbonisées.

Ayant quitté le camp, le benjamin tombe sur un géant humanoïde igné qui l'apostrophe : *« Arrête-toi, habitant de la Terre ! Je ne parle pas, mais je te transmets ma pensée et toi tu peux me comprendre ! »* Il s'enfuit et essuie les moqueries de son oncle. Celui-ci observe le lendemain la chute d'une boule de feu dans l'océan. Le soir même, Canelly en aperçoit une aussi et la suit. Une autre créature lui parle et lui montre les effets de son désintégrateur. Il le lui demande en cadeau, avec succès.

Cachant l'arme à ses compagnons, il revient au camp et un message radio lui apprend le lendemain que les militaires de la proche base états-unienne, informés de la chute de la première boule, n'ont trouvé qu'un squelette semblable à celui d'un humain, mais d'un métal inconnu. Il en profite pour informer un journal de la présence d'extra-terrestres, comptant recueillir toute la gloire de l'expédition. Surpris par Muscletone, il l'assomme et fait miner le volcan avec des explosifs.

Pendant que le traître travaille à leur perte, le professeur Angelus et son neveu sont enlevés au bord du volcan par les Hommes de Feu, emprisonnés dans une cage transparente et jetés dans le cratère où leurs hôtes matérialisent pour eux des scaphandres également ignifugés. Ils sont accueillis au fond par Ael, un savant vulcanien qui leur révèle qu'ils sont ici pour étudier la Terre et ont choisi ces volcans parce qu'y règne la température la plus proche de celle de leur planète ; ainsi que :

« Mon monde est une planète si proche du Soleil que vous ne pouvez l'apercevoir de la Terre ! Elle s'appelle Xey, ce qui veut dire circumsolaire... Nos corps sont d'une substance semblable au feu et notre squelette est métallique. Nos rues sont d'immenses avenues de laboratoires et d'usines où on étudie continuellement !... Nous construisons tout uniquement au moyen de la création et de la désintégration des atomes, car nous sommes infiniment plus avancés que vous ! »

La radio annonce un cyclone. L'eau détruisant les étrangers, ils veulent partir avec les Terriens en butin. S'étant évadés et réfugiés avec Muscletone dans une sphère, ceux-ci volent vers un satellite artificiel. Les y attend le chef des Xeyens qui peuvent se désintégrer et se réintégrer à volonté à courte distance. Leur ayant montré d'autres merveilles, il les largue au-dessus de l'océan, près de Cannely devenu fou, vite victime de son désintégrateur, ainsi que d'un méchant ichtyosaure de passage.

Malgré un dessin encore un peu sommaire, un scénario plutôt faible et une rationalité bancale — main désintégrée qui ne produit nul saignement, association d'une tempête avec une recrudescence de taches solaires, etc. —, *Gli Uomini di Fuoco* demeure une évocation imaginative, sinon de Vulcain, du moins de ses flamboyants habitants. Leur température élevée les présente en effet comme une émanation du Soleil, association d'une logique poétique encouragée par leur proximité.

Vulcain gratifie une brève et sommaire bande dessinée états-unienne de John Broome & Sy Barry, *The World That Vanished !* (*Le Monde qui s'évanouit !*, 1955). Un message de survivants d'un monde détruit entre Mars et Jupiter prévient que le même sort attend la quatrième planète si elle utilise l'arme à rayons cosmiques. L'humanité réalise que c'est la sienne en découvrant une planète infra-mercurienne. Les extra-terrestres voulaient que la Terre détruise son seul moyen de défense...

Une association solaire conclue aussi *Planet Vulcan* (*La Planète Vulcain*, 1956) de James Norton, pseudonyme commun à plusieurs auteurs ouest-allemands qui l'ont renié vu le peu de prestige de leur éditeur. Ce court roman débute par le transit d'une planète infra-mercurienne devant le disque solaire. L'observation ayant lieu plus de deux siècles après que son existence a été soupçonnée, cela la situe entre 2050 et 2100, époque où la conquête du Système Solaire est bien entamée.

L'Universum, société d'astronautique disposant d'une nouvelle forme de propulsion nucléaire, lance une expédition vers Vulcain. Le Titania s'y écrase après une mutinerie consécutive à un désaccord parmi l'équipage international, composé de onze hommes et une femme. Comme les rayons solaires grillent la moitié de la surface de la planète à chaque rotation, les survivants se réfugient dans ses profondeurs avec le matériel récupéré et lancent des S.O.S. par radio.

Une nouvelle expédition est improvisée depuis Vénus. Entre temps, les survivants ont trouvé un système de cavernes où stagne un reste de vapeur et d'atmosphère respirable à une pression suffisante. Nous n'en saurons guère plus sur Vulcain. L'astronef de secours arrive in extremis. En effet la planète décrit une orbite de plus en plus serrée vers le Soleil, seule surprise d'une histoire banale et peu convaincante qui devrait clore cette revue de l'imaginaire vulcanien.

Mentionnons *Mission to Mercury* (*Mission pour Mercure*, 1965), huitième de vingt-trois romans d'explorations planétaires pour enfants du Britannique Walter Llewelyn Hughes (1910-93) parus sous le nom de Hugh Walters. Leur héros, Chris Godfrey, pilote de l'United Nations Exploration Agency, participe à une expédition vers Mercure quand un membre de l'équipage remarque un point sombre à la surface du Soleil. Il en est très proche et se meut très rapidement, mais ne sera pas exploré.

Ce dédain confirme-t-il la désuétude du thème auquel la présente étude servirait d'épitaphe ? Pourquoi en effet célébrer une planète dont les sondes spatiales ont définitivement prouvé l'inexistence ? Le défi est pourtant relevé par votre serviteur français, Jean-Pierre Laigle. Sa nouvelle *Le Spectre de Vulcain* (2012), dont le titre suggère, il est vrai, un décès, rend hommage à un monde disparu, tant sa nostalgie travaille encore quelques rats de bibliothèque de SF.

C'est l'expérience de l'unique humain d'une base scientifique sur Icare, dont le périhélie frôle le Soleil. L'astéroïde traverse alors un gigantesque hologramme à l'image d'une planète dont les habitants ont fui il y a cent cinquante millions d'années vers un autre système stellaire. Mais ils ont laissé derrière eux à l'intention de futures intelligences une trace de leur existence à la surface solaire. Tombant en sommeil paradoxal, le cerveau de l'astronaute enregistre aussi leur histoire visuelle.

Selon eux, le Système Solaire possédait au début deux étoiles : une grande et une petite, son satellite, qu'elle absorba. Mais, en explosant, celle-ci projeta des débris dont l'un orbita à proximité. Une vie non précisée, mais sans doute cristalline naquit sur la ligne démarquant sa zone sombre de celle ignée et développa une intelligence. Ces êtres explorèrent les mondes voisins pour remplacer le leur, menacé d'engloutissement par le Soleil. Ils durent chercher bien plus loin.

Malgré sa sobriété visuelle et déductive, cette histoire tente d'imprimer un caractère épique à l'aventure vulcanienne depuis la naissance du Système Solaire. L'auteur ressuscite brièvement une sorte d'Atlantide céleste engloutie non dans l'eau, mais dans le feu, fin de carrière plus évocatrice. Connaissant le thème et nombre de ses traitements, il utilise un artifice littéraire sans renier la légende et trop écorcher la vraisemblance scientifique. Ce sauvetage in extremis est l'avant-dernier.

Citons enfin *2312* (*2312*, 2012), roman de l'États-unien Kim Stanley Robinson où les planètes sont terraformées pour les émigrés d'une Terre surchauffée et polluée et des astéroïdes sont évidés pour préserver sa faune et sa flore menacées. Certains de ces derniers, les Vulcanoïdes, sont placés en deçà de Mercure. Ils servent à capter l'énergie solaire surabondante au profit des colonies lointaines du Système Solaire. Nostalgie vulcanienne ? Vulcain n'existant pas, fabriquons-la, si possible en série.

L'HÉRITAGE VULCANIEN

La loi de structuration des distances planétaires de Titius-Bode, à laquelle les positions relatives des planètes du Système Solaire semblent donner raison, autorise en théorie deux corps infra-mercuriens à environ 27.000.000 et 7 500 000 kilomètres autour du Soleil. La masse du premier devrait être suffisamment réduite (1/1. 000 de celle de la Terre) pour ne pas perturber la trajectoire de Mercure plus que le prévoit la relativité. Le second serait probablement évaporé depuis longtemps.

De nombreuses comètes aux orbites très elliptiques ont leur périhélie bien en deçà de l'orbite de Mercure (située en moyenne à 58.000.000 kilomètres du Soleil). De petits astéroïdes aussi. Rien d'important ne semble hanter en permanence l'intérieur de cette limite, car les astronomes l'auraient repéré depuis longtemps. Toutefois, certains placent encore leurs espoirs en des rochers ou des nuages de poussière cosmiques. Les prochaines sondes spatiales décideront.

À quelques pirouettes près, la SF aussi semble avoir abandonné l'idée d'une planète infra-mercurienne, théâtre d'aventures exotiques ou porte ouverte sur les mystères de l'univers. Comme Mercure, avec laquelle elle partagea longtemps certains traits, souvent approuvés, parfois à tort, par l'astronomie officielle, Vulcain symbolise l'extrême et ses nombreuses manifestations physiques et psychologiques. Mais, par sa situation mythique, davantage lui semble permis qu'aux autres planètes.

Cette association avec l'extrême est d'abord solaire. Vu sa proximité du Soleil, U. Le Verrier avait baptisé sa planète du nom du dieu romain du feu — Héphaïstos en grec —, forgeron et armurier, patron des

Cyclopes. Tels qu'ils sont décrits et dessinés dans *Gli Uomini di Fuoco*, les flamboyants habitants de Xey leur ressemblent assez, surtout au fond des volcans terrestres qu'ils ont choisis pour séjours. Mais ce sont aussi chez eux des maîtres de la matière par la création et la désintégration.

Dans *Child of the Sun*, Vulcain est la création d'une entité immémoriale qui tire son énergie du Soleil. Dans *Outlaw Planet* c'est une coquille creuse que transperce une colossale aiguille brûlante et dans *Children of the Sun* celle-ci est considérée assez poétiquement comme le tremplin utilisé par les êtres ignés habitant l'étoile proche. Et c'est en son sein que retourne la planète condamnée dans *Planet Vulcan*. Après tout, n'est-elle pas la mère de tout le Système Solaire ?

L'irrationalité des précédents récits n'enlève rien à leur intérêt. Elle est instructive malgré leurs justifications scientifiques illusoires, voire risibles. Ainsi, par cet aspect, la SF se rattache-t-elle aux antiques mythologies : l'Aton dispensateur de vie d'Amenhotep IV, l'Atar mazdéen, le Sol Invictus romain, feu purificateur des sacrifices destinés aux dieux, l'aigle aztèque, symbole de l'éclat solaire régénéré par les cœurs sanglants des offrandes humaines, etc. Tout ceci est éminemment humain.

Esprit universel, Restif de la Bretonne ne pouvait ignorer la plupart de ces références religieuses et de leurs aspects. Les explorations planétaires relatées dans *Les Posthumes* reflètent la fascination de l'auteur pour le Soleil, à la fois matrice de son cortège de planètes et futur dévoreur de celles-ci. Son tropisme frise l'héliolâtrie dans la mesure où il le traite en reflet d'une puissance divine. Chaque planète est un stade vers la sublimation culminant dans le centre solaire, physique comme spirituel.

Vulcain apparaît donc comme le relais du Soleil et de ses émanations : feu, chaleur, éclat, énergie, sous ses aspects bienfaisants et malfaisants. Dans *Children of the Sun*, le rayon solaire qui calcine une partie de la concavité vulcanienne et en viole la matrice interne y entretient aussi la vie. Et surtout il est le canal par où les êtres sublimés sont projetés vers la fournaise thermonucléaire, siège d'immortalité, de connaissance et de liberté. Dégagée de la matière, l'âme y trouve le paradis.

Dans *Gli Uomini di Fuoco*, le Soleil envoie sur la Terre des émissaires à qui il a conféré certains de ses pouvoirs sur la matière et l'énergie. Mais ils atterrissent dans des volcans : ainsi l'intimité terrestre se trouve-t-elle reliée à l'intimité solaire. Et en apportant leur science, ils jouent un rôle plus prométhéen que cyclopéen, bien qu'il soit prématuré. Si l'idéalisation solaire est évidente, elle n'aboutit pas à une transmutation : les Terriens contactés sont renvoyés à leur réalité matérielle.

Plus que *Planet Vulcan*, *Le Spectre de Vulcain* illustre la réversion à la matrice solaire originelle, dispensatrice de mort comme de vie. Le Soleil joue aussi un rôle agressif dans *The Flat Folk of Vulcan* dans la mesure où il déborde vers l'hémisphère obscur en la personne des habitants ignés de la face ensoleillée. Rapprochons-le de tous les récits où, transformé en nova ou au cours de sa dernière séquence, il torréfie ou engloutit ses planètes. *The W62's Last Flight* en est l'avant-goût.

Il ne serait guère pertinent d'associer directement au Soleil les jungles torrides de *The Terrors of Aryl* et de *The Hell Planet* dans la mesure où il s'agit de récits coloniaux déguisés ou qui pourraient se situer un peu partout dans le monde colonisé d'alors. Quant à *Vulcan's Workshop*, s'il décrit un bagne aux conditions impossibles, il procède sans doute davantage de l'assimilation à une dure réalité politique de l'origine mythologique du nom de la planète.

Cependant, les extraordinaires pièges planétaires d'*At the Center of Gravity* et de *The Bottled Men*, avec leurs astucieuses issues, semblent traduire l'intention d'accentuer le caractère déjà exceptionnel d'une planète ainsi située. De même, sans doute, pour la concavité imaginée par E. Hamilton. Et il est permis de se demander si l'auteur de *Mathematica* et *Mathematica Plus* n'a pas choisi Vulcain comme un point de départ et un théâtre à la mesure de sa grandiose genèse mathématique.

Décrié par l'astronomie moderne, Vulcain, impossible planète par excellence, souffrit souvent de la médiocrité : elle méritait mieux, et surtout l'attention de plus d'auteurs talentueux qui l'auraient peut-être exaltée. Il est dommage que les tâcherons qui l'ont prostituée et ceux qui l'ont négligée n'en aient pas vu toutes les potentialités. Elle était pourtant propice aux jeux de l'imagination. L'occasion est maintenant passée. Il en reste un intéressant sujet d'analyse et de curiosité.

14/12 – 29/12/2010
+ divers rajouts

BIBLIOGRAPHIE THÉMATIQUE

1/ NICOLAS ANNE EDME RESTIF DE LA BRETONNE : LES POSTHUMES : LETTRES REÇUES APRÈS LA MORT DU MARI PAR SA FEMME, QUI LE CROIT À FLORENCE, PAR FEU CAZOTTE (France)

   1 — Éd. Duchene, 1802.
   2 — Site de la Bibliothèque Nationale.

2/ GEORGES LE FAURE & HENRY DE GRAFFIGNY : AVENTURES EXTRAORDINAIRES D'UN SAVANT RUSSE 2 — LE SOLEIL ET LES PETITES PLANÈTES (France)

   1 — Éd. Edinger, Paris, 1889.

3/ JOHN JACOB ASTOR: A JOURNEY IN OTHER WORLDS A ROMANCE OF THE FUTURE (USA)

   1 — D. Appleton and Company, New York, 1894.
   2 — Site du Project Gutenberg, 1999 (Australie).
   3 — CreateSpace, 2012.

   Traduction : *Voyages en d'Autres Mondes* (Hachette, Paris, 1895).

4/ DONALD HORNER: BY AEROPLANE TO THE SUN: BEING THE ADVENTURES OF A DARING AVIATOR AND HIS FRIENDS (Grande-Bretagne)

   1 — Bennett & Co., London, 1910.

5/ R.F. STARZL: THE TERRORS OF ARYL (USA)

   1 — Wonder Stories, mars 1932.

6/ LESLIE F. STONE: THE HELL PLANET (USA)

   1 — Wonder Stories, juin 1932.

7/   HARL VINCENT: VULCAN'S WORKSHOP (USA)

1 — Astounding Stories, juin 1932.
2 — Site du Projet Gutenberg, 2009 (Australie).

8 /   MARIO VISCARDINI : LA VITA SENZA CIELO (Italie)

1 — Scrittori Nuovi Italiani e Stranieri, Milano, 1933.

9/   JOHN RUSSELL FEARN : MATHEMATICA (Grande-Bretagne)

1 — Astounding Stories, février 1936.
2 — Scion, Londres, 1952 (version remaniée avec *Mathematica Plus* sous le titre *To the Ultimate*, signé Vargo Statten).
3 — Recueil *The Best of John Russell Fearn*, Cosmos Books, Gillette, New Jersey, 2001 (tome 1: *The Man Who stopped the Dust & Other Stories*).

10/   JOHN RUSSELL FEARN: MATHEMATICA PLUS (Grande-Bretagne)

1 — Astounding Stories, mai 1936.
2 — Scion, Londres, 1952 (version remaniée avec *Mathematica* sous le titre *To the Ultimate*, signé Vargo Statten).
3 — Recueil *The Best of John Russell Fearn*, Cosmos Books, Gillette, New Jersey, 2001 (tome 1: *The Man Who stopped the Dust & Other Stories*).

11/   CLIFTON B (RYAN) KRUSE: THE W62'S LAST FLIGHT (USA)

1 — Astounding Stories, mai 1936.

12/   ROSS ROCKLYNNE: AT THE CENTER OF GRAVITY (USA)

1 — Astounding Stories, juin 1936.
2 — Anthologie *Exploring Other Worlds*, Collier Books, 1963, 1967.
3 — Recueil *The Men and the Mirror*, Ace Books, New York, 1973.

13/ DENNIS CLIVE: THE FLAT FOLK OF VULCAN (Grande-Bretagne)

1 — Future Fiction, décembre 1940.

14/ LEIGH BRACKETT: CHILD OF THE SUN (USA)

1 — Planet Stories, printemps 1942.
2 — Anthologie *More Adventures on Other Planets*, Ace Books, New York, 1963.

15/ ROSS ROCKLYNNE: THE BOTTLED MEN (USA)

1 — Astounding Science-Fiction, juin 1946.
2 — Recueil *The Men and the Mirror*, Ace Books, New York, 1973.

16/ EDMOND HAMILTON: OUTLAW WORLD (USA)

1—Startling Stories, hiver 1946.
2—Popular Library, 1968.
3—Site capitaineflam.free.fr, vers 2005 (France)

Traduction : *Le Monde Hors-la-loi* (site capitaineflam.free.fr, vers 2005).

17/ EDMOND HAMILTON: CHILDREN OF THE SUN (USA)

1 — Starling Stories, janvier 1950.
2 — Site capitaineflam.free.fr, vers 2005 (France).

Traduction : *Enfants du Soleil* (site capitaineflam.free.fr., vers 2005).

18 / GIAN CARLO TESTONI & MARIO FANTONI : GLI UOMINI DI FUOCO (Italie)

1 — Chicchirichì n° 2 à 6, février à juin1955.

Traduction : *Les Hommes de Feu* (Roico n° 34 à 38, février à juin 1957).

19/ JOHN BROOME & SY BARRY: THE WORLD THAT VANISHED! (USA)

1 — Strange Adventures n ° 59, Août 1955.
2 — Anthologie *Strange Adventures 1*, DC Comics, DC Showcase Presents, New York, 2008.

20/ JAMES NORTON: PLANET VULCAN (RFA)

1 — Verlag Erich Pabel, Rastatt, Utopia-Kleinband n ° 66, 1956.

21/ HUGH WALTERS : MISSION TO MERCURY (Grande-Bretagne)

1 — Faber & Faber, Londres, 1965.
2—Idem, Children's Book Club, 1965.
3—Criterion Books, New York, 1965.

22/ JEAN-PIERRE LAIGLE : LE SPECTRE DE VULCAIN (France)

1 — IF n° 9, mars 2012 (en italien : *Lo Spettro di Vulcano*).
2 — Galaxies (deuxième série) n° 39, janvier 2016.

23/ KIM STANLEY ROBINSON : 2312 (USA)

1 — Orbit US, 2012.
2 — Orbit UK, 2012.
3 — Gollancz, Londres, 2013.

L'auteur prie les lecteurs qui auraient relevé des erreurs et des oublis dans cet article de les lui communiquer à l'adresse suivante : erelis_gon@yahoo.fr.

JEAN-PIERRE LAIGLE

19, rue Thiers
83590 Gonfaron
FRANCE
erelis_gon@yahoo.fr

POURQUOI ADHERER A L'ODS

En plus de rassembler toute une « faune de l'espace » passionnée de littératures de l'imaginaire, science-fiction, fantastique, fantasy, etc et tant de chercheurs érudits des univers de l'étrange, l'ODS est une association active qui organise ou coordonne de nombreux événements dans les domaines qui nous intéressent.

C'est un fait que l'activité de publication de fanzines qui était son expression principale à ses débuts a dû être transférée vers notre maison d'édition, EODS, faute de lecteurs assidus dans un secteur qui s'est peu à peu reporté vers le web. Certaines revues ont disparu, d'autres sont nées à cette occasion. Force est de nous adapter au potentiel du lectorat d'aujourd'hui, et nous voilà au XXIe siècle !

Toutefois, tout en nous adaptant, nous tenons, à l'ODS, à préserver cette convivialité qui fut toujours la première motivation de notre existence associative. C'est pourquoi nous poursuivons avant tout l'organisation de rencontres, conférences, congrès, dîners thématiques et autres missions scientifiques autour des thèmes qui nous sont chers. Participer à ces nombreuses activités, les organiser ou permettre à certains invités de venir y présenter leurs travaux, voilà aujourd'hui la vocation de l'ODS. Ainsi, tout au long de l'année, vous êtes conviés à nous rejoindre lors de dîners informels, comme celui du Nouvel Eon en janvier, et toutes sortes de rencontres à thèmes intitulées « on the spot », selon le calendrier de la venue d'auteurs en région parisienne, ainsi qu'à des colloques de haute teneur dont ceux organisés à Rennes-le-Château (ARTBS) ou à Paris comme le Congrès Fortéen, les journées Heuvelmans ou Jacques Bergier, etc, mais aussi à nous rendre visite sur les stands des nombreuses conventions auxquels nous participons.

L'organisation de ces événements et la participation de l'association à ceux organisés par d'autres sont aujourd'hui devenus notre activité principale, car c'est ce qui fait vivre notre univers littéraire et préserve ce caractère unique qui nous plaît. Si certains supports de lecture disparaissent petit à petit au profit de medias plus modernes – du fanzine au webzine, des listes de discussions aux réseaux sociaux, etc. – il reste que nous sommes tous attachés aux livres originaux au format papier, non seulement à l'objet que l'on peut aujourd'hui commander en trois clics, mais surtout à ce qui va autour, c'est-à-dire les rencontres, les discussions, le partage et les possibles collaborations qui s'improvisent au gré des initiatives de nos membres les plus passionnés et, bien entendu, au plaisir de lire !

La participation de chacun à cette fourmillante activité littéraire et autour de la littérature se coordonne le plus simplement possible par le moyen de notre association, et c'est la raison d'être de l'ODS. En y adhérant, et surtout en participant par votre présence et votre concours à ces rencontres, ainsi qu'à la naissance et la réalisation de nouveaux projets, vous nous aidez à prolonger la vie de notre multivers littéraire. Bienvenue à tous et merci pour votre présence !

Emmanuel Thibault, membre du Conseil de AODS

LES ÉDITIONS DE L'ŒIL DU SPHINX

SARL au capital de 15.245 €

R.C.S. Paris B 432 025 864 (2000 B11249)

36-42 rue de la Villette
75019 PARIS
Mail ods@oeildusphinx.com
http://www.œildusphinx.com
Tél 09.75.32.33.55
Fax 01.42.01.05.38

Toutes nos parutions sont sur :
http://boutique.oeildusphinx.com

Achevé d'imprimer en juin 2018
par Createspace
N° d'imprimeur : 8231